釈尊の悟り

——自己と世界の真実のすがた

吉野　博

鳥影社

まえがき

仏教の開祖であるお釈迦《しゃか》様（以下、「釈尊《しゃくそん》」といいます）は六年間の苦行《くぎょう》の後、菩提樹《ぼだいじゅ》の下で瞑想《めいそう》して悟りを開いたと言われていますが、いったい何を悟ったのでしょうか。私はその答えを知りたいと思い、釈尊、仏教などに関する一般向けの平易な本を十冊ほど読みましたが、納得できる答えを得ることができませんでした。

そこで私は、最古の仏教聖典「スッタニパータ」の詩句、悟りを開いた日本・中国の禅師の言葉および悟りを開いたインドの聖者の言葉を中心に、悟りについて文献調査をおこないました。その結果、釈尊は自己の根源的な本性に目覚めて、すべての真相（真実のすがた）を明らかに知り、それによって一切の苦や煩悩《ぼんのう》などから解放されたことがわかりました。私の調べた文献は書店あるいは古書店で容易に入手できたものばかりですが、得られた知見のなかには驚愕《きょうがく》の真実がいくつも含まれていました。釈尊が覚知した「真実のすがた」は、なぜか一般にはほとんど知られていませんので、私は調査結果をわかりやすく分類・整理し、書籍として出版することにしました。

釈尊が覚知した「真実のすがた」を観ることができるのは、釈尊と同様の悟りを開いた人だけです。どれほど修行を積んだ高徳の僧であっても、悟りを開いていなければ、「真実のすがた」を観ることはできません。したがって、私たちが「真実のすがた」を知るためには、釈尊および釈尊と同様の悟りを開いた人の教えを知る必要があります。そこで本書では、「スッタニパータ」の詩句、および悟りを開いた禅師と聖者の言葉を書籍から多数引用し、それらについて私が解釈し、考察するという構成にしました。

私たちはこれまでの人生のなかで多くのことを学び、考え、経験してきましたが、その際に、一般に真実と信じられていることや、自分にとって有益なこと、興味のあること、正しいと思われることなどを取捨選択して頭のなかに整理・蓄積してきました。そのため、自分では気づかないうちに、私たちの頭のなかは偏った知識や考えで満たされ、子供の頃の柔軟性はすっかり失われています。その結果、自分の知識、考えなどに反する新しい情報に出会ったときには、無意識にそれらを拒絶しようとするため、意識的に努力をしないと、それらの情報を何ら評価することなく捨て去ることになってしまいます。

本書に書かれていることは、私たちの常識をはるかに超える事柄です。そこで、まずこれまでの常識、先入観、固定観念などを一時的にすべて捨て去り、頭のなかを白紙に近い状態にリセットしてから、本書を心静かに最後までゆっくりとお読みください。

釈尊の悟り
自己と世界の真実のすがた

目次

まえがき 1
凡例 8
第一章　釈尊 …… 11
第二章　釈尊の教え …… 15
第三章　文献調査方法 …… 39
第四章　悟り …… 45
第五章　真の自己 …… 51
第一節　真我 51
第二節　人生の目的 78

第六章　自己と世界……87
第七章　真我の状態……91
第一節　今この瞬間　92
第二節　真我の状態のなかに常在　97
第八章　心のなかに現れた世界……101
第九章　真実の世界……111
第一節　すべては一つ　112
第二節　空　117
第三節　刹那生滅　130
第四節　行為　133

第十章　夢の世界 …… 139
第一節　すべては夢 140
第二節　苦楽の人生 145
第三節　自我 148
第十一章　輪廻転生 …… 153
第一節　輪廻転生 153
第二節　因果応報 158
第十二章　真理 …… 163
第十三章　悟りの境地 …… 165
第一節　悟りの体験 166
第二節　悟りの境地 172

第十四章　悟りを開く……179
第一節　自我の消滅　179
第二節　無心になる　182
第三節　欲望と執着を離れる　188
第四節　今この瞬間を生きる　191
第五節　坐禅する　194
第十五章　釈尊の教えと禅師・聖者の言葉……197
参考・引用文献　233
注釈　237
あとがき　247

凡例

一　本書を書くにあたっては、「参考・引用文献」に記載の書籍、辞書を参考にさせていただくとともに、必要な部分を引用させていただきました。

一　引用の際には引用文であることを明示するために、『ブッダのことば』から引用した詩句は◎の後に、それ以外の書籍からの引用文は◆の後に記載しました。ただし、『広辞苑』と『岩波仏教辞典』のなかの必要な部分、あるいは『ブッダのことば』の「註」のなかの必要な部分を本文中に引用する場合は、出典を明示して、引用文をかぎ括弧《かっこ》（「　」）のなかに記載しました。

一　本文中に引用文献を表示する際には、表題（副題は省略）を二重かぎ括弧（『　』）のなかに記載し、引用文の後に所在ページ（頁）を記載しました。ただし、『ブッダのことば』の詩句と註（通し番号があります）および辞書（『広辞苑』『岩波仏教辞典』）の場合は引用文を容易に検索することができますので、所在ページの記載は省略しました。

一　本文中の（注1）～（注13）は「注釈」をご覧ください。

釈尊の悟り

自己と世界の真実のすがた

第一章　釈尊

仏教の開祖である釈尊は、姓をゴータマ、名をシッダッタと言います。ゴータマ・シッダッタは紀元前五世紀ごろにネパールの釈迦《しゃか》族の中心地であるカピラ城の郊外で浄飯王《じょうぼんのう》の長子として生まれました。ゴータマ・シッダッタの母親（摩耶夫人《まやぶにん》）は出産後まもなくして亡くなりましたが、彼は何不自由なく大切に育てられ、やがて結婚し、妻との間に一子をもうけました。しかし、彼は二十九歳のときに国、親、妻子などすべてを捨てて出家し、遍歴修行者になりました。

ゴータマ・シッダッタが出家した理由は「四門出遊《しもんしゅつゆう》」という伝説のなかで述べられています。ゴータマ・シッダッタがまだ太子《たいし》であったとき、彼が東の城門を出て行くと老人に出会い、しばらくして南の城門を出て行くと病人に出会い、またしばらくして西の城門を出て行くと死人を運んでいる人に出会い、最後に北の城門を出て行くと気高《けだか》い姿の出家者に出会い、人には老・病・死の苦があることを心に深く感じて、出家に心をひかれるようになったという話です。「四門出遊」の話はうまくできすぎていますが、悟りを開く前のゴータマ・シッダッタが、死、老い、恐怖などの苦しみから自由になりたいと思っていたことは間違いないようです。

ゴータマ・シッダッタは出家後、まず二人の高名な仙人（アーラーラ・カーラーマ仙人、次いでウッダカ・ラーマプッタ仙人）のところで修行し、彼らと同じ境地に達しましたが、それらの境地や修行法に満足できませんでした。そこで彼は山林にこもって六年間、まさに命がけの苦行をおこないましたが、目的とする悟りの境地に到達することはできませんでした。ゴータマ・シッダッタは、これ以上苦行をつづけても悟りを開くことはできないと判断し、苦行を捨て、身心を癒《いや》した後に菩提樹の下で瞑想し、ついに悟りを開いたと言われています。

悟りを開いた後のゴータマ・シッダッタは、ゴータマ・ブッダ、釈迦牟尼《しゃかむに》（釈迦族出身の聖者）、釈迦牟尼仏《しゃかむにぶつ》（釈迦族出身の聖者たる仏陀《ぶっだ》）、釈迦（釈迦牟尼の略称）、世尊《せそん》（仏の尊称）、釈尊（釈迦牟尼世尊の略称）などと呼ばれています。ゴータマ・ブッダのブッダ（仏陀）は目覚めた人、すなわち悟りを開いた人を意味します。

釈尊は菩提樹の下で瞑想し、いったい何を悟ったのでしょうか。それについては現在もはっきりしていませんが、一般には「縁起《えんぎ》の法」あるいは「十二因縁《じゅうにいんねん》」を悟ったと言われることが多いようです。

縁起の法とは、すべての事物はさまざまな因縁（原因・条件）に縁《よ》って生起し、成り立っているという理法です。縁起の法によると、すべての事物は他のものと相互に関わり合って生滅変化していますので、自立自存している永遠不変のものは一つもないことになります。

十二因縁は、苦が生じる過程と苦が消滅する過程を、無明《むみょう》から老死《ろうし》までの十二の段階に分けて考察したものです。十二因縁では、「この世に生を享《う》けることは苦である」という釈尊の教えを土台として、論理が成り立っています。最初に出てくる「無明《むみょう》」は、人間が生まれながらに持っている根源的な無知（真理に暗いこと）を意味します。苦が生じる過程についての考察（順観）では、無明《むみょう》（無知）によって行《ぎょう》（潜在的形成力）が生じ、行によって識《しき》（識別作用）が生じ、識によって名色《みょうしき》（名称と形態）が生じ、名色によって六処《ろくしょ》（眼耳鼻舌身意の六感官）が生じ、六処によって触《そく》（接触）が生じ、触によって受《じゅ》（感受作用）が生じ、受によって愛《あい》（渇愛）が生じ、愛によって取《しゅ》（執着）が生じ、取によって有《う》（生存）が生じ、有によって生《しょう》（出生）が生じ、生によって老死《ろうし》（老いと死）など、すべての苦が生じることが説かれています。また、苦が消滅する過程についての考察（逆観）では、無明《むみょう》（無知）が消滅すれば行《ぎょう》（潜在的形成力）も消滅し、行が消滅すれば識《しき》（識別作用）も消滅し、識が消滅すれば名色《みょうしき》（名称と形態）も消滅し、名色が消滅すれば六処《ろくしょ》（眼耳鼻舌身意の六感官）も消滅し、六処が消滅すれば触《そく》（接触）も消滅し、触が消滅すれば受《じゅ》（感受作用）も消滅し、受が消滅すれば愛《あい》（渇愛）も消滅し、愛が消滅すれば取《しゅ》（執着）も消滅し、取が消滅すれば有《う》（生存）も消滅し、有が消滅すれば生《しょう》（出生）も消滅し、生が消滅すれば老死《ろうし》（老いと死）など、すべての苦も消滅することが説かれています。このように十二因縁では、苦は無明によって生じるので、無明を滅することができれば、すべての苦も消滅することが示されています。

縁起の法は仏教の根本教理の一つになっていますが、釈尊は本当に縁起の法や十二因縁のような、言葉で明確に説明できることを悟ったのでしょうか。私は、縁起の法、十二因縁のいずれも釈尊あるいは後世の人が修行者を導くために説いたものであり、釈尊が悟ったことではないと考えています。それでは、釈尊はいったい何を悟ったのでしょうか。それに関連する多くの詩句が最古の仏教聖典「スッタニパータ」のなかにあります。

第二章　釈尊の教え

『ブッダのことば』は最古の仏教聖典「スッタニパータ」の日本語訳ですが、訳者の中村元先生（以下、「中村先生」といいます）（注1）は「スッタニパータ」について『ブッダのことば』の「解説」のなかで次のように述べています。

◆①いまここに訳出した『ブッダのことば（スッタニパータ）』は、現代の学問的研究の示すところによると、仏教の多数の諸聖典のうちでも、最も古いものであり、歴史的人物としてのゴータマ・ブッダ（釈尊）のことばに最も近い詩句を集成した一つの聖典である。（四三三頁）

◆②歴史的人物としてゴータマ・ブッダ（釈尊）の逝去《せいきょ》（北方の伝説によると、西紀前三八三年頃になる）ののちに、仏弟子たちはその教えの内容を簡潔なかたちでまとめ、あるいは韻文《いんぶん》の詩のかたちで表現した。いずれにしても暗誦《あんしょう》の便をはかったものである。ことに教えの内容がひとたび詩の形でまとめられると、そのまま、大した変更も加えられることなしに、後世に伝えられた。多数の詩のうちには、あるいはゴータマ・ブッダ自身がつくったものも含まれているのではないか、と考えられる。（四三四—四三五頁）

◆③この『スッタニパータ』五章のうちで、第四章が漢訳され『義足経』として漢訳大蔵経のうちにおさめてあるが、全体としては漢訳されていないし、したがってシナや日本の仏教には直接の連絡や影響はまずなかったと言ってよい。しかし歴史的人物としてのゴータマ・ブッダに最も近いものであり、文献としてはこれ以上遡《さかのぼ》ることができない。仏教の起原をたずねるためには、他のどの聖典よりも重要であると考えられる。（四三八頁）

◆④この『ブッダのことば（スッタニパータ）』の中では、発展する以前の簡単素朴な、最初期の仏教が示されている。そこには後代のような煩瑣《はんさ》な教理は少しも述べられていない。（四三八頁）

仏教には多くの経典がありますが、釈尊が悟りについて実際に何を説いたのかを知るためには、最古の仏教聖典「スッタニパータ」の詩句を調べることが最も理にかなっています。そこで『ブッダのことば』に載っている一一四九の詩句のなかで、悟りの観点から重要と考えられるものを選び出し、それらを「自己」「世界」「輪廻転生」「真理」「悟りの境地」「悟りを開く」の六項目に分類し、検討しました。それぞれの項目のなかから代表的な詩句をいくつか紹介し、それらの重要部分について簡単に考察します。

一　自己

（一）「スッタニパータ」の詩句

◎　七五六　見よ、神々並びに世人は、非我《ひが》なるものを我と思いなし、〈名称と形態〉（個体）に執著《しゅうじゃく》している。「これこそ真理である」と考えている。

〈考察〉

詩句七五六の重要部分は、「非我《ひが》なるものを我と思いなし」というところです。「非我《ひが》なるもの」は、『ブッダのことば』の註によると、「名称と形態のことをいう」となっています。この詩句のなかに「〈名称と形態〉

（個体）」という言葉がありますので、「非我《ひが》なるもの」は、個体（個人の身体）を意味することになります。したがって、「非我《ひが》なるものを我と思いなし」という言葉は、「自己ではないもの（身体）を自己だと思い」を意味します。この詩句の重要部分は、身体が自己ではないことを示しています。

◎九一六　師（ブッダ）は答えた、「〈われは考えて、有る〉という〈迷わせる不当な思惟〉の根本をすべて制止せよ。内に存するいかなる妄執をもよく導くために、常に心して学べ。

〔考察〕

詩句九一六の重要部分は、「〈われは考えて、有る〉という〈迷わせる不当な思惟〉の根本をすべて制止せよ」というところです。「われは考えて、有る」については、『ブッダのことば』の註に、「『われ考う。故に、われ有り』（cogito ergo sum）に対応する問題が意識されているのである。／しかし文句が似ているとしても、近代西洋と古代の仏教とのあいだには、確然たる相違があった。近代西洋におけるその表現は、自我の確立をめざす第一歩であった。しかし古代のインド仏教では、分裂・対立した自我は、むしろ制し、滅ぼさるべきものであった」などと書かれています。したがって、「〈われは考えて、有る〉という〈迷わせる不当な思惟〉の根本をすべて制止せよ」という言葉は、『私』という考える主体（自我）が存在するという誤った思いをすべてやめなさい」を意味します。この詩句の重要部分は、「私」という主体（自我）が存在しないことを示しています。

◎一一二一　師（ブッダ）は答えた、／「ピンギヤよ。物質的な形態があるが故に、人々が害《そこな》われるのを見るし、物質的な形態があるが故に、怠る人々は（病いなどに）悩まされる。ピンギヤよ。それ故に、そなたは怠ることなく、物質的形態を捨てて、再び生存状態にもどらないようにせよ。」

〔考察〕

　詩句一一二一の重要部分は、「物質的形態を捨てて」というところです。「物質的形態を捨てて、再び生存状態にもどらないようにせよ」という言葉は、「身体を超越して、輪廻転生《りんねてんしょう》（生死を何度も繰り返すこと）から抜け出しなさい」を意味します。この詩句の重要部分は、人が身体を超越できることを示しています。

◎九〇二　ねがい求める者には欲念がある。また、はからいのあるときには、おののきがある。この世において死も生も存しない者、――かれは何を怖《おそ》れよう、何を欲しよう。

〔考察〕

詩句九〇二の重要部分は、「この世において死も生も存しない者」というところです。この言葉は、悟りを開いた人が不生不滅の存在であることを示しています。

(二) まとめ

これら四つの詩句は、①身体は自己ではないこと、②「私」という主体(自我)は存在しないこと、③人は身体を超越できること、④悟りを開いた人は不生不滅の存在であることを示しています。もしこれらの釈尊の教えが真実であるならば、私たちの真の自己はどのようなものなのでしょうか。釈尊の教えを理解し、「釈尊は何を悟ったのか」を明らかにするためには、この点を解明する必要があります。

二　世界

（一）「スッタニパータ」の詩句

◎一六九　師は答えた、「雪山に住むものよ。六つのものがあるとき世界が生起し、六つのものに対して親しみ愛し、世界は六つのものに執著しており、世界は六つのものに悩まされている。」

〔考察〕

詩句一六九の重要部分は、「六つのものがあるとき世界が生起し」というところです。「六つのもの」は、『ブッダのことば』の註によると、「眼、耳、鼻、舌、身、意の六入をいうのであろう」となっています。したがって、「六つのものがあるとき世界が生起し」という言葉は、「眼《げん》・耳《に》・鼻《び》・舌《ぜつ》・身《しん》・意《い》の六感官があるときに世界が生起し」を意味します。この詩句の重要部分は、世界は私たちがそれ（世界）を知覚するときに現れることを示しています。

◎一一一九　（ブッダが答えた）、／「つねによく気をつけ、自我に固執する見解をうち破って、世界を空《くう》なりと観ぜよ。そうすれば死を乗り超えることができるであろう。このように世界を観ずる人を、〈死の王〉は見ることがない。」

〔考察〕

詩句一一一九の重要部分は、「世界を空《くう》なりと観ぜよ」、すなわち「世界を空なるものとして観なさい」というところです。「空《くう》」は実体（本体・実質）がないことを意味します。この詩句の重要部分は、世界が空である（世界には実体がない）ことを示しています。「空」の意味については、第九章第二節であらためて考察します。

◎九　走っても疾過ぎることなく、また遅れることもなく、「世間における一切のものは虚妄《きょもう》である」と知っている修行者は、この世とかの世とをともに捨て去る。──蛇が脱皮して旧い皮を捨て去るようなものである。

〔考察〕

詩句九の重要部分は、「世間における一切のものは虚妄《きょもう》である」というところです。この言葉は、世間のすべてのものが夢・幻であることを示しています。

◎一〇七〇　師（ブッダ）は言われた、「ウパシーヴァよ。よく気をつけて、無所有をめざしつつ、『何も存在しない』と思うことによって、煩悩《ぼんのう》の激流を渡れ。

諸々の欲望を捨てて、諸々の疑惑を離れ、妄執の消滅を昼夜に観ぜよ。」

〔考察〕

詩句一〇七〇の重要部分は、「無所有をめざしつつ、『何も存在しない』と思うことによって」というところです。「無所有」は、『ブッダのことば』の註によると、「原語 ākiñcañña は無一物、何も存在しないことをいう」となっています。したがって、「無所有をめざしつつ、『何も存在しない』と思うことによって」という言葉は、「何も存在しない境地をめざしつつ、『何も存在しない』と思うことによって」を意味します。この詩句の重要部分は、世界には何も存在しないことを示しています。

（二）まとめ

これら四つの詩句は、①世界は私たちがそれ（世界）を知覚するときに現れること、②世界は空である（世界には実体がない）こと、③世間のすべてのものは夢・幻であること、④世界には何も存在しないことを示しています。もしこれらの釈尊の教えが真実であるならば、世界の真のすがたはどのようになっているのでしょうか。釈尊の教えを理解し、「釈尊は何を悟ったのか」を明らかにするためには、この点を解明する必要があります。

三　輪廻転生

(一)「スッタニパータ」の詩句

◎七二八　世間には種々なる苦しみがあるが、それらは生存の素因にもとづいて生起する。実に愚者は知らないで生存の素因をつくり、くり返し苦しみを受ける。それ故に、知り明らめて、苦しみの生ずる原因を観察し、再生の素因をつくるな。

〔考察〕

詩句七二八の重要部分は、「世間には種々なる苦しみがある」ということです。この言葉は、この世界には多くの苦しみがあることを示しています。

◎七六一　自己の身体(=個体)を断滅することが「安楽」である、と諸々の聖者は見る。(正しく)見る人々のこの(考え)は、一切の世間の人々と正反対である。

〔考察〕

詩句七六一の重要部分は、「自己の身体（＝個体）を断滅することが『安楽』である」というところです。この言葉は、身体が滅びた後、多くの苦しみのあるこの世界に再び身体が生じない（生を享《う》けない）ことが安楽であることを示しています。

◎七三〇　この無明とは大いなる迷いであり、それによって永いあいだこのように輪廻してきた。しかし明知に達した生けるものどもは、再び迷いの生存に戻ることがない。

〔考察〕

詩句七三〇は、凡夫《ぼんぶ》（煩悩にとらわれて迷っている人）は無明（真理に暗いこと）のために永いあいだ輪廻《りんね》転生《てんしょう》して（生死を何度も繰り返して）きたが、悟りを開くと輪廻転生から解放されることを示しています。

◎六六六　けだし何者《なにもの》の業も滅びることはない。それは必ずもどってきて、（業をつくった）主がそれを受ける。愚者は罪を犯《おか》して、来世にあってはその身に苦しみを受ける。

〔考察〕

詩句六六六は、人は誰でも自分がおこなった身体的行為・言語表現・精神活動（身口意《しんくい》の三業《さんごう》）にふさわしい果報（苦楽の報い）をかならず受けることを示しています。業に応じて未来（現世・来世）の果報を生じることを因果応報《いんがおうほう》と言います。

㈡ まとめ

これら四つの詩句は、①この世界には多くの苦しみがあること、②身体が滅びた後、多くの苦しみのあるこの世界に再び身体が生じない（生を享けない）ことが安楽であること、③凡夫は無明のために永いあいだ輪廻転生してきたが、悟りを開くと輪廻転生から解放されること、④人は誰でも自分がおこなった身体的行為・言語表現・精神活動（身口意の三業）にふさわしい果報（苦楽の報い）をかならず受けることを示しています。もしこれらの釈尊の教えが真実であるならば、輪廻転生と因果応報は何のために存在するのでしょうか。釈尊の教えを理解し、「釈尊は何を悟ったのか」を明らかにするためには、この点を解明する必要があります。

四　真理

（一）「スッタニパータ」の詩句

◎　八八四　真理は一つであって、第二のものは存在しない。その（真理）を知った人は、争うことがない。かれらはめいめい異った真理をほめたたえている。それ故に諸々の〈道の人〉は同一の事を語らないのである。

〔考察〕

詩句八八四の重要部分は、「真理は一つであって、第二のものは存在しない」というところです。この言葉は、真理が一つしかないことを示しています。

（二）まとめ

詩句八八四は真理が一つしかないことを示しています。その真理とはいったい何でしょうか。釈尊の教えを理解し、「釈尊は何を悟ったのか」を明らかにするためには、この点を解明する必要があります。

五　悟りの境地

（一）「スッタニパータ」の詩句

◎二〇四　この世において愛欲を離れ、智慧ある修行者は、不死・平安・不滅なるニルヴァーナの境地に達した。

〔考察〕

詩句二〇四は、ニルヴァーナの境地（悟りの境地）が不滅（不死）・平安の境地であることを示しています。

◎七五八　安らぎは虚妄ならざるものである。諸々の聖者はそれを真理であると知る。かれらは実に真理をさとるが故に、快を貪ることなく平安に帰しているのである。

〔考察〕

詩句七五八の重要部分は、「安らぎは虚妄ならざるものである」というところです。この言葉は、悟りを開くことによって得られた安らぎが、夢・幻ではないことを示しています。

◎七九〇（真の）バラモンは、（正しい道の）ほかには、見解・伝承の学問・戒律・道徳・思想のうちのどれによっても清らかになるとは説かない。かれは禍福に汚《けが》されることなく、自我を捨て、この世において（禍福の因を）つくることがない。

〔考察〕

詩句七九〇の重要部分は、「禍福に汚《けが》されることなく」と「自我を捨て」というところです。これらの言葉は、悟りを開いた人は禍福に影響されないこと、そして悟りを開いた人には自我がないことを示しています。

◎七　想念を焼き尽して余すことなく、心の内がよく整《ととの》えられた修行者は、この世とかの世とをともに捨て去る。——蛇が脱皮して旧い皮を捨て去るようなものである。

〔考察〕

詩句七の重要部分は、「想念を焼き尽して余すことなく」と「この世とかの世とをともに捨て去る」というところです。「想念」は、『ブッダのことば』の註によると、「思慮し思考することである。心の静まった修行者には、思慮分別はいらない、というのである」となっています。この詩句の重要部分は、悟りを開いた人には想念（思考）がないこと、そして悟りを開いた人にとっては、現世、来世のいずれも夢・幻でしかないことを示しています。

◎　四七一　こころをひとしく静かにして激流をわたり、最上の知見によって理法を知り、煩悩《ぼんのう》の汚《けが》れを滅しつくして、最後の身体をたもっている〈全き人〉（如来）は、お供えの菓子を受けるにふさわしい。

〔考察〕

詩句四七一の重要部分は、「煩悩《ぼんのう》の汚《けが》れを滅しつくして」というところです。この言葉は、悟りを開いた人には煩悩がないことを示しています。

（二）まとめ

これら五つの詩句は、①悟りの境地は不滅（不死）・平安の境地であること、②悟りを開くことによって得られた安らぎは、夢・幻ではないこと、③悟りを開いた人は禍福に影響されないこと、悟りを開いた人には自我がないこと、④悟りを開いた人には想念（思考）がないこと、悟りを開いた人にとっては、現世、来世のいずれも夢・幻でしかないこと、⑤悟りを開いた人には煩悩がないことを示しています。もしこれらの釈尊の教えが真実であるならば、悟りを開いた人は、なぜ不滅（不死）・平安・無我・無心（無念無想）の境地につねに在ることができるのでしょうか。釈尊の教えを理解し、「釈尊は何を悟ったのか」を明らかにするためには、この点を解明する必要があります。

六　悟りを開く

（一）「スッタニパータ」の詩句

◎七六三　覆《おお》われた人々には闇《やみ》がある。（正しく）見ない人々には暗黒がある。善良なる人々には開顕《かいけん》される。あたかも見る人々に光明のあるようなものである。理法が何であるかを知らない獣（のような愚人）は、（安らぎの）近くにあっても、それを知らない。

〔考察〕

詩句七六三の重要部分は、「理法が何であるかを知らない獣（のような愚人）は、（安らぎの）近くにあっても、それを知らない」というところです。この言葉は、安らぎ（悟りの境地）が凡夫の近くにあることを示しています。

◎一一一九（ブッダが答えた）、／「つねによく気をつけ、自我に固執する見解をうち破って、世界を空《くう》なりと観ぜよ。そうすれば死を乗り超えることができるであろう。このように世界を観ずる人を、〈死の王〉は見ることがない。」

〔考察〕

詩句一一一九の重要部分は、「自我に固執する見解をうち破って」と「世界を空《くう》なりと観ぜよ」というところです。これらの言葉は、悟りを開くためには、自我を離れなければならないこと、そして悟りを開くためには、世界を空なるもの（実体のないもの）として観なければならないことを示しています。

◎七九〇（真の）バラモンは、（正しい道の）ほかには、見解・伝承の学問・戒律・道徳・思想のうちのどれによっても清らかになるとは説かない。かれは禍福に汚《けが》されることなく、自我を捨て、この世において（禍福の因を）つくることがない。

〔考察〕
詩句七九〇の重要部分は、「（真の）バラモンは、（正しい道の）ほかには、見解・伝承の学問・戒律・道徳・思想のうちのどれによっても清らかになるとは説かない」というところです。「バラモン」は、『ブッダのことば』の註によると、「原始経典の最古層では、修行を完成した人、理想的な修行者のことをバラモンと呼んでいた」となっています。この詩句の重要部分は、どれだけ見解を深め、学問を究《きわ》め、戒律と道徳を守り、思想を探究しても、それらによっては悟りを開くことができないことを示しています。

◎九二〇　海洋の奥深いところでは波が起らないで、静止しているように、静止して不動であれ。修行者は何ものについても欲念をもり上らせてはならない。」

〔考察〕
詩句九二〇の重要部分は、「静止して不動であれ」というところです。この言葉は、悟りを開くためには、心が静止した不動の状態（無心の状態）にならなければならないことを示しています。

◎七七一　それ故に、人は常によく気をつけていて、諸々の欲望を回避せよ。船のたまり水を汲み出すように、それらの欲望を捨て去って、激しい流れを渡り、彼岸《ひがん》に到達せよ。

〔考察〕

詩句七七一の重要部分は、「諸々の欲望を回避せよ」というところです。この言葉は、悟りを開くためには、欲望を離れなければならないことを示しています。

◎七四一　妄執は苦しみの起る原因である、とこの禍いを知って、妄執を離れて、執著することなく、よく気をつけて、修行僧は遍歴《へんれき》すべきである。

〔考察〕

詩句七四一の重要部分は、「執著することなく」というところです。この言葉は、悟りを開くためには、執著（執着）を離れなければならないことを示しています。

◎一〇九九　過去にあったもの（煩悩）を涸渇《こかつ》せしめよ。未来にはそなたに何ものもないようにせよ。中間においても、そなたが何ものにも執著《しゅうじゃく》しないならば、そなたはやすらかにふるまう人となるであろう。

〔考察〕

詩句一〇九九は、悟りを開くためには、過去・現在・未来の何ものにも執着せず、つねに今を生きなければならないことを示しています。

◎七〇九　かれは思慮深く、瞑想《めいそう》に専念し、林のほとりで楽しみ、樹の根もとで瞑想し、大いにみずから満足すべきである。

〔考察〕

詩句七〇九の重要部分は、「瞑想《めいそう》に専念し」というところです。この言葉は、悟りを開くためには、瞑想に専念しなければならないことを示しています。

◎七一四　道の人（ブッダ）は高く或いは低い種々の道を説き明かしたもうた。重ねて彼岸《ひがん》に至ることはないが、一度で彼岸に至ることもない。

〔考察〕

詩句七一四の重要部分は、「重ねて彼岸《ひがん》に至ることはない」というところです。「重ねて彼岸《ひがん》に至ることはない」は、『ブッダのことば』の註によると、「ひとたび彼岸（ニルヴァーナ）に達した人は、二度とそこに赴く必要がない」となっています。この詩句の重要部分は、彼岸に至る（悟りを開く）のが一度だけであることを示しています。

（二）まとめ

これら九つの詩句は、①安らぎ（悟りの境地）は凡夫の近くにあること、②悟りを開くためには、自我を離れなければならないこと、悟りを開くためには、世界を空なるもの（実体のないもの）として観なければならないこと、③どれだけ見解を深め、学問を究め、戒律と道徳を守り、思想を探究しても、それらによっては悟りを開くことができないこと、④悟りを開くためには、心が静止した不動の状態（無心の状態）にならなければならないこと、⑤悟りを開くためには、欲望を離れなければならないこと、⑥悟りを開くためには、執着を離れなければならないこと、⑦悟りを開くためには、過去・現在・未来の何ものにも執着せず、つねに今を生きなければならないこと、⑧悟りを開くためには、瞑想に専念しなければならないこと、⑨悟りを開くのは一度だけであることを示しています。

もしこれらの釈尊の教えが真実であるならば、修行者は悟りを開くために、なぜ「自我を離れる」「無心になる」「欲望を離れる」「執着を離れる」「今を生きる」「瞑想に専念する」などのことを実践しなければならないのでしょうか。釈尊の教えを理解し、「釈尊は何を悟ったのか」を明らかにするためには、この点を解明する必要があります。

悟りの観点から重要と考えられる「スッタニパータ」（『ブッダのことば』）の詩句を見てきましたが、釈尊の教えを理解し、「釈尊は何を悟ったのか」を明らかにするためには、①私たちの真の自己はどのようなものか、②世界の真のすがたはどのようになっているのか、③輪廻転生と因果応報は何のために存在するのか、④ただ一つの真理とは何か、⑤悟りを開いた人は、なぜ不滅（不死）・平安・無我・無心（無念無想）の境地につねに在ることができるのか、⑥修行者は悟りを開くために、なぜ「自我を離れる」「無心になる」「欲望を離れる」「執着を離れる」「今を生きる」「瞑想に専念する」などのことを実践しなければならないのか、などの疑問点を解明する必要があります。なかでも、「私たちの真の自己はどのようなものか」「世界の真のすがたはどのようになっているのか」の二つの形而上学的《けいじじょうがくてき》問題を解明することは、「釈尊は何を悟ったのか」を明らかにする上で特に重要です。

第三章　文献調査方法

「スッタニパータ」（『ブッダのことば』）のなかには、真の自己や世界の真のすがたなどの形而上学的問題についての明確な説明はどこにもありません。

中村先生は、釈尊が当時議論されていた形而上学的問題についての質問には何も答えなかったことを、『原始仏教』のなかで次のように述べています。

◆①初期の仏教は、当時論議されていた形而上学的な問題について解答を与えることを拒否したのである。原始仏教聖典のうちの説明的叙述を見ると、「我および世界は常住であるか（すなわち時間的に局限されていないか）、あるいは常住ならざるものであるか（すなわち時間的に局限されているか）。我および世界は（空間的に）有限であるか、あるいは（空間的に）無限であるか。身体と霊魂は一つであるか、あるいは別の物であるか。人格完成者は死後に生存するか、あるいは生存しないか。」という質問を発せられたとき、釈尊は答えなかったという。（五〇頁）

◆②なぜ答えなかったかというと、これらの哲学的問題の論議は益のないことであり、正覚すなわち真実の認識をもたらさぬからである、と聖典は教えている。（五一頁）

釈尊が悟りを開いた時代には多くの思想家が現れて、形而上学的問題についてさまざまな論争をおこなっていました。しかし、形而上学的問題については、真理と信じられている説の真偽を見分ける客観的な方法がありませんので、思想家、学者らがどれだけ熱心に議論をしても、議論によって真実が明らかになることはありません。おそらく釈尊は、自分が形而上学的問題について教えを説くと、それを聞いた修行者が無意義な論争に加わるかもしれないと考えて、形而上学的問題については必要最小限の教えしか説かなかったのではないかと考えられます。

第二章で紹介した釈尊の教えを理解し、「釈尊は何を悟ったのか」を明らかにするためには、私たちの真の自己や世界の真のすがたなどについて、さらに多くの情報が必要です。しかし、釈尊は形而上学的問題についての質問には何も答えなかったようですので、他の原始仏教聖典を調べても、それらから新たな情報が得られる可能性はほとんどありません。そこで別の角度から文献調査を進めることにしました。

「スッタニパータ」（『ブッダのことば』）の詩句八八四は、真理が一つしかないことを示しています。もしそれが真実であるならば、釈尊と同様の悟りを開いた後世の人たちの教えのなかには、釈尊の教えと共通する部分が数多く存在するはずです。そしてそれらの教えのなかには、私たちの真の自己や世界の真のすがたについての説明もあるかもしれません。そこで私は、釈尊と同様の悟りを開いた後世の人たちの言葉を調査することにしました。

仏教にはいろいろな宗派がありますが、そのなかで禅宗（曹洞宗《そうとうしゅう》、臨済宗《りんざいしゅう》、黄檗宗《おうばくしゅう》など）の教えが釈尊の教えに最も近いと言われています。したがって、釈尊と同様の悟りを開いた人は、高名な禅師のなかにいる可能性が高いと考えられます。

一方、中村先生によると、釈尊は自分の弟子だけでなく、誰にも分け隔てなく教えを説いていたようです。中村先生は、①釈尊は新たな宗教を創設しようとは思っていなかったこと、②仏教は出発当初においては、一般の修行者やバラモン（バラモン教の僧侶）たちに、「真の修行者たるの道」「真のバラモンたるの道」を教示することに力を注いでいたことを、『原始仏教』のなかで次のように述べています。

◆①ゴータマ・ブッダは、当時の諸哲学説と対立する何らかの特殊な哲学説の立場に立って新しい宗教を創設したのでもなく、また新しい形而上学を唱導したのでもな

い。（五八頁）

◆②仏教は出発当初においては、諸宗教を通じて一般の修行者やバラモンたちに、「真の修行者たるの道」、「真のバラモンたるの道」を明らかにしようとしたのであって、それ以外に別のものをめざしていたのではなかった。（六〇頁）

これらの事実は、釈尊が主に教化《きょうけ》活動をおこなっていたインドにも釈尊と同様の悟りを開いた人がいる可能性を示唆《しさ》しています。

そこで私はまず日本・中国の禅師とインドの聖者について予備的な文献調査（限られた範囲の調査です）をおこないました。そして最終的に、釈尊と同様の悟りを開いた人として、中国からは黄檗希運《おうばくきうん》禅師（注２）、臨済義玄《りんざいぎげん》禅師（注３）の二人を、日本からは道元《どうげん》禅師（注４）、沢庵宗彭《たくあんそうほう》禅師（注５）、盤珪永琢《ばんけいようたく》禅師（注６）、鉄眼道光《てつげんどうこう》禅師（注７）、井上《いのうえ》義衍《ぎえん》禅師（注８）、原田雪溪《はらだせっけい》禅師（注９）の六人に、剣・禅・書の達人である山岡鉄舟《やまおかてっしゅう》翁（注10）を加えた七人を、そしてインドからはシュリー・ラマナ・マハルシ（注11）、シュリー・ニサルガダッタ・マハラジ（注12）、シュリー・ハリヴァンシュ・ラル・プンジャ（注13）の三人（計十二人）を選びました。

文献調査は、巻末二三三～二三六頁の「参考・引用文献」に記載の書籍、辞書を用いておこないました。調査の結果、日本・中国の禅師（以下、山岡鉄舟翁も含めて「禅師」といいます）とインドの聖者（以下、「聖者」といいます）の教えには多くの共通点があり、しかもそれらの教えは、第二章で紹介した釈尊の教えをほぼ包含していることがわかりました。さらに、私たちの真の自己や世界の真のすがたなどの形而上学的問題についても、釈尊の教えを理解するのに十分な量の情報を得ることができました。

第四章　悟り

仏教の悟りについて『広辞苑』と『岩波仏教辞典』で調べると、次のような情報を得ることができます。

「悟《さと》り」は、『広辞苑』では、「〔仏〕まよいが解けて真理を会得すること」などとなっており、『岩波仏教辞典』では、「迷いの世界を超え、真理を体得すること」「煩悩《ぼんのう》の炎を吹き消し、輪廻《りんね》の世界を超脱したというところから、涅槃《ねはん》や解脱《げだつ》とも同義とされる」などとなっています。

そこで「涅槃《ねはん》」を調べると、『広辞苑』では、「〔仏〕煩悩《ぼんのう》を断じて絶対的な静寂に達した状態。仏教における理想の境地」などとなっており、『岩波仏教辞典』では、「仏教における修行上の究極目標」「古くは煩悩《ぼんのう》の火が吹き消された状態の安らぎ、悟りの境地をいう」などとなっています。

また、「解脱《げだつ》」は、『広辞苑』では、「〔仏〕束縛から離脱して自由になること。現世の苦悩から解放されて絶対自由の境地に達すること。また、到達されるべき究極の境地。涅《ね》槃《はん》」となっており、『岩波仏教辞典』では、「仏教では煩悩《ぼんのう》から解放されて自由な心境となることをいう。インド思想全般で説かれる理念で、仏教にも採用された。解脱した心は迷いがなく、煩悩が再び生じないので、涅槃《ねはん》と同じ意味になる。インド一般の思想では、輪《りん》廻《ね》から解放されて、二度と生存世界に立ち戻らない状態に到達することをいう」などとなっています。

「輪廻《りんね》」は、『広辞苑』では、「〔仏〕車輪が回転してきわまりないように、衆生《しゅじょう》が三界六道に迷いの生死を重ねてとどまることのないこと。迷いの世界を生きかわり死にかわること」などとなっており、『岩波仏教辞典』では、「『さまざまな（生存の）状態をさまよう』ことを意味し、生ある者が生死を繰り返すことを指す」「インドでは業《ごう》思想と結びついて倫理観が深められ、輪廻の状態を脱することが解脱《げだつ》・涅槃《ねはん》であり、インドの諸宗教に共通する目的となっている」などとなっています。ここで、「三界《さんがい》」とは、欲界《よくかい》・色界《しきかい》・無色《むしき》界《かい》の三つの世界を言い、「六道《ろくどう》」とは、地獄《じごく》・餓鬼《がき》・畜生《ちくしょう》・修羅《しゅら》・人間・天の六つの世界を言います。三界、六道のいずれも、輪廻（輪廻転生）する迷いの世界です。

仏教では、悟りの世界（真実のすがた）が言語表現を超えていることを、「言語道断《ごんごどうだん》」と言います。「言語道断《ごんごどうだん》」は、『広辞苑』では、「〔仏〕言語で説明する道の絶えた意。仏教の奥深い真理はことばで説明することができないことをいう」などとなっており、『岩波仏教辞典』では、「あらゆるものの真実のすがた（諸法実相）は空《くう》であって、言語の道が断《た》え、言葉で表現する方法のないこと」などとなっています。

また、仏教には涅槃《ねはん》（悟りの境地）の特性を表す言葉として「常楽我浄《じょうらくがじょう》」があります。「常楽我浄《じょうらくがじょう》」は、『広辞苑』では、「涅槃《ねはん》の四つのすぐれた性質（四徳）。永遠であり（常）、安楽であり（楽）、絶対であり（我）、清浄である（浄）こと。涅槃経に説く」「四顛倒《してんどう》。無常・苦・無我・不浄の現実を、凡夫が常・楽・我・浄と誤り思うこと」となっており、『岩波仏教辞典』では、「もともとは仏教において否定されるべき四種の見解をさし、〈四《し》顛倒《てんどう》〉とよぶ。すなわち、無常であるものを〈常〉と見、苦《く》であるのに〈楽〉と考え、無我であるのに〈我〉ありと考え、不浄なものを〈清浄《しょうじょう》〉と見なすこと。しかし、大乗仏教中、涅槃経《ねはんぎょう》や勝鬘経《しょうまんぎょう》は、如来が常住《じょうじゅう》であり、涅槃は最高の楽であることを強調し、四不顛倒（無常・苦・無我・不浄）をさらに超える存在として、常・楽・我・浄を究極のものと見なした。これを〈四波羅蜜《しはらみつ》〉あるいは〈四徳〉と称する」となっています。

禅宗では、「悟り」を「見性《けんしょう》」または「見性《けんしょう》成仏《じょうぶつ》」とも言います。「見性《けんしょう》」は、『広辞苑』では、「（禅宗の語）自己の本来の心性を見極めること」となっており、『岩波仏教辞典』では、「人間に本来そなわる根源的な本性《ほんしょう》を徹見すること」「性は本来、煩悩に汚されることはなく、それ自体で清浄なものであり、この自性清浄《じしょうしょうじょう》心に気づくことをさす。禅における悟りであり、（以下略）」などとなっています。

「悟り」について『広辞苑』と『岩波仏教辞典』で調べた結果を禅宗の視点からまとめると次のようになります。

・私たちはつねに清浄な、永遠不滅（常住）の根源的な本性を持っている。この根源的な本性に目覚めて、迷いの世界を超え、真理を体得することを「悟り」と言う。
・悟りを開いた人はすべての煩悩や束縛から解放されており、つねに絶対的な安らぎと絶対自由の境地に在る。
・悟りを開いた人は輪廻転生から解放されているので、身体が滅びた後、二度と生存世界に戻ることがない。

これらの説明は釈尊の悟りにも当てはまります。本書を最後まで読んでいただくとわかりますが、釈尊は自己の根源的な本性（以下、「真我」といいます）に目覚めて、すべての真相（真実のすがた）を明らかに知り、その結果、一切の苦や煩悩、輪廻転生などから解放されたのです。

釈尊が覚知した「真実のすがた」は言語表現を超えていますので、その全貌《ぜんぼう》を捉《とら》えることは不可能です。しかし、これからお示しするように、「スッタニパータ」(『ブッダのことば』)の詩句および文献調査により得られた禅師と聖者の言葉を総合的に考察することにより、釈尊が覚知した「真実のすがた」の輪郭《りんかく》ははっきりと捉えることができます。

第五章　真の自己

私たちは不生不滅の、至福に満ちた真我としてつねに在りますが、心の迷いのために、個人としてこの世界に生まれ、欲望と恐れの人生を生き、種々の苦痛と快楽を体験している夢を見ています。

第一節　真我

私たちは、身体を自分だと思い、種々の精神活動をおこなう「私」という主体（自我）と根源的な本性（真我）の二つの自己を持っていますが、禅師と聖者は、自我は偽りの自己（本来存在しない自己）であり、真我が真の自己であると説いています。真我についてては本節で禅師と聖者の言葉を紹介しますが、自我については第十章第三節で聖者と禅師の言葉を紹介します。

中村先生は、最初期の仏教では二つの異なった自己が想定されていたことを、『中村元選集〔決定版〕第十五巻 原始仏教の思想Ⅰ』のなかで次のように述べています。

◆最初期の仏教においては、二種の異なった自己を想定していたことが知られる。一方は悪徳煩悩の基体としての自己であり、凡夫の日常生活のうちに認められる。それは理想から乖離し、つねに頽落する可能性を内蔵している。これに反して他方は理想として実現されるべき自己であり、その真実の状態は聖者が具現しているものである。（五三二―五三三頁）

中村先生の引用文のなかにある「悪徳煩悩の基体としての自己」は自我に相当し、「理想として実現されるべき自己」は真我に相当します。最初期の仏教の時代から、修行者は真我の実現（悟り）をめざしていたことがわかります。

真我を意味する言葉には種々のものがあります。本書では、真の自己、本来の自己、本来の面目、本性、根源的な本性、心、一心、本心、自心、自性清浄心、仏心、仏性、仏、本源自性天真仏、本源清浄仏、法、法身、法性、真如、如来、霊覚、道、菩提、空、実在、至高の実在などの言葉は、それぞれ使われ方やニュアンスに違いはありますが、真我を意味する、あるいは真我を意味することがあると解釈しています。真我を意味する言葉がこのように数多く存在する理由は、私たちの認識・理解を超えた真我を表す適当な言葉がなかったからであろうと考えられます。

一般に、「心」は知性・感情・意志などの総体を意味しますが、仏教では「心」が真我を意味することがあります。「心」が真我を意味する場合には、「一心」「本心」「自性清浄心」などと表現されることもあります。真我は知性・感情・意志などの総体である「心」とはまったく異なりますので、禅師の言葉を解釈する際には両者を混同しないよう注意が必要です。

私たちは、「仏」(「佛」)という字を見ると、釈迦如来《しゃかにょらい》、阿弥陀如来《あみだにょらい》など仏像になっている仏を思い浮かべますが、仏とは悟りを開いた人あるいは真我のことです。したがって、黄檗希運禅師、道元禅師ら、本書に登場する禅師はすべて仏です。「凡夫《ぼんぶ》」は煩悩にとらわれて迷っている人(悟りを開いていない人)のことです。「衆生《しゅじょう》」はすべての生き物のことですが、悟りを開いていない人々を意味することもあります。私たちはまだ悟りを開いていませんので、凡夫であり、衆生です。

私たちの真の自己が不生不滅の、至福に満ちた真我であることを理解することは、「釈尊は何を悟ったのか」を明らかにする上で最も重要なポイントです。そこで少し長くなりますが、それに関する禅師・聖者十二人全員の言葉を紹介します。

黄檗希運《おうばくきうん》禅師（以下、「黄檗禅師」といいます）（注2）は、①身心のなかに「私」という主体（自我）は存在しないこと、②仏とすべての衆生（人々）は同じ一心（真我）であること、③心とは本源清浄仏（真我）のことであること、すべての人に心（真我）があること、一切の生き物と仏・菩薩《ぼさつ》は一体であり、異ならないこと、④法（真我）は平等であり、そのなかに優劣の二元性は存在しないこと、法（真我）は菩提《ぼだい》とも言われていること、この本源清浄の心（真我）は、衆生・諸仏、世間・山河、有形物・無形物、全宇宙とすべて平等一体であり、そのなかに自他の二元性は存在しないことを、「伝心法要《でんしんほうよう》」（『黄檗山断際禅師 伝心法要』）のなかで次のように説いています。

◆①故に知んぬ、此身我無く、亦主も無きことを。（中略）故に知んぬ、此心我無く、亦主も無きことを。（一九頁）

◆②諸佛と一切衆生と唯是れ一心にして、更に別法なし。（九頁）

◆③此心是れ本源清淨佛なり、人皆之《これ》有り、蠢動含靈《しゅんどうがんれい》と諸佛菩薩と一體にして異ならず。（一五頁）

◆④是の法は平等にして高下あること無し、是を菩提と名づくと。即ち此れ本源清淨の

心にして衆生《しゅじゃう》諸佛《しょぶつ》世界《せかい》山河《せんが》有相《うさう》無相《むさう》偏《へん》十方界《じつはうかい》と一切平等、彼我の相無し。（一五頁）

黄檗禅師は最初の引用文で、「故に知んぬ、此身我無く、亦主も無きことを。（中略）故に知んぬ、此心我無く、亦主も無きことを」と説いています。この言葉は、私たちの身体、心のいずれのなかにも「私」という主体（自我）が存在しないことを表しています。私たちは自分の身心のなかに「私」という主体（自我）が存在し、それが思考し、行為をすると思っていますが、真実はそうではないということです。

二番目の引用文に、「諸佛と一切衆生と唯是れ一心にして、更に別法なし」という言葉があります。この言葉は、仏（悟りを開いた人）とすべての衆生（人々）が同じ一心（真我）であることを表しています。私たちはこの世界で凡夫として迷いの人生を送っていますが、その間も私たちは悟りを開いた人と同じ真我であるということです。

三番目の引用文のなかの「蠢動含靈《しゅんどうがんれい》と諸佛菩薩と一體にして異ならず」という言葉は、人間だけでなく、すべての生き物が仏や菩薩と一体であり、同じ真我であることを表しています。

最後の引用文のなかに、「即ち此れ本源清淨の心にして衆生《しゅじゃう》諸佛《しょぶつ》世界《せかい》山河《せんが》有相《うさう》無相《むさう》偏《へん》十方界《じつはうかい》と一切平等、彼我の相無し」という言葉があります。この言葉は、生き物だけでなく、宇宙のすべてのものが真我であることを表しています。したがって、私たちの真の自己（真我）は、宇宙のすべてをも含む極めて大きなものであることになります。

また、黄檗禅師は、①霊覚（真我）は、かぎりなく遠い昔からこれまで虚空《こくう》と同じ期間存在し、これまで一度も生じたことも滅したこともなく、これまで一度も存在したことも存在しなかったこともなく、これまで一度も穢《けが》れたことも清浄になったこともなく、これまで一度も喧《やかま》しくなったことも寂《しず》かになったこともなく、これまで一度も少《わか》くなったことも老いたこともないこと、霊覚（真我）には方角・場所や内外がなく、数量がなく、形やすがたがなく、音声もないこと、霊覚（真我）を探し求めて見つけ出すことも、智慧《ちえ》によって知ることも、言葉によって表現することも、外界のものによって理解することもできないこと、功用《くゆう》（意識的な行為や精神活動）によっては霊覚（真我）に到達する（悟りを開く）ことができないこと、②凡夫は妄想分別して種々の業果《ごうか》（自分がおこなった身体的行為・言語表現・精神活動によって未来に受ける苦楽の報い）をつくっているが、その間も本仏（真我）の上には塵《ちり》一つなく清浄で、本仏（真我）は静寂、安楽であることを、「伝心法要」（『黄檗山断際禅師 伝心法要』）のなかで次のように説いています。
◆①此靈覺の性は、無始より已來、虚空と壽を同じくし、未だ曾て生ぜず、未だ曾て滅せず、未だ曾て有《う》ならず、未だ曾て無ならず、未だ曾て穢ならず、未だ曾て淨ならず、未だ曾て喧ならず、未だ曾て寂ならず、未だ曾て少ならず、未だ曾て老ならず、方所無く、内外無く、數量無く、形相無く、色象無く、音聲無し、覓《もと》むべからず、求《もと》むべからず、智慧を以て識るべからず、言語を以て取るべからず、境物《きやうもの》を以て會《え》すべからず、功用《くゆう》を以て到るべからず。（二一・二三頁）

◆②妄想分別を爲して、種々の業果を造るも、本佛の上には實に一物なく、虚通寂靜《こつうぢやくじやう》にして明妙安樂《みやうめうあんらく》なるのみ。（一五頁）

黄檗禅師は最初の引用文のなかで、「此靈覺の性は、（中略）未だ曾て生ぜず、未だ曾て滅せず、未だ曾て有《う》ならず、未だ曾て無ならず、未だ曾て穢ならず、未だ曾て浄ならず、未だ曾て喧ならず、未だ曾て寂ならず、未だ曾て少ならず、未だ曾て老ならず」と説いています。この言葉は、真我には生・滅、有・無、浄・穢、喧・寂、老・少などの二元性が存在しないことを示しています。その後の「智慧を以て識るべからず、言語を以て取るべからず、境物《きやうもの》を以て會《え》すべからず」という言葉は、真我が私たちの思考や理解を超越した存在であることを表しています。最後の「功用《くゆう》を以て到るべからず」という言葉については、第十四章第二節で考察します。

二番目の引用文に、「妄想分別を爲して、種々の業果を造るも、本佛の上には實に一物なく、虚通寂靜《こつうぢやくじやう》にして明妙安樂《みやうめうあんらく》なるのみ」という言葉があります。この言葉は、真我が凡夫の妄想分別の影響をまったく受けずに、つねに超然として在ることを示しています。

ところで、「妄想分別を爲して」の「妄想」は、何を意味しているのでしょうか。「妄想」は、『広辞苑』（見出し語：妄想《もうそう》）では、「〔仏〕（モウゾウとも）みだりなおもい。正しくない想念」「〔心〕根拠のない主観的な想像や信念」などとなっており、『岩波仏教辞典』（見出し語：妄想《もうぞう》）では、「誤った考え・想念、また迷いの心によって真実を見誤ること。凡夫《ぼんぶ》の心のはたらきは、煩悩《ぼんのう》によって心が曇らされている限り、すべて妄想となるので、禅では〈莫妄想《まくもうぞう》〉（妄想することなかれ）といって、心のはたらきを放棄することを説く」「一般には〈もうそう〉と読み、ありえないこと、根拠のないことをみだりに考える、あるいはそのような考えをいう」となっています。「妄想」はこの後も本文中に何度も出てきますが、本書では「妄想」は、すべて凡夫の心の働き（精神活動）により生じた一切の想念を意味すると解釈します。凡夫の想念がすべて妄想《もうぞう》（正しくない想念）である理由については、第十章第一節で考察します。

臨済義玄《りんざいぎげん》禅師（以下、「臨済禅師」といいます）（注3）は、①私たちにはもともと立派な本来の自己（真我）があること、②（真我は）拡《ひろ》がると宇宙に充満し、収斂《しゅうれん》すると一本の髪の毛より小さくなること、（真我は）自立しており、これまで一度も欠けたことがないこと、（真我を）知覚することも、言葉で表現することもできないことを、「臨済録《りんざいろく》」（『臨済録』）のなかで次のように説いています。

◆①お前たちには立派なひとりの本来の自己がある。（七〇頁）

◆②拡《ひろ》げれば宇宙一ぱいに充《み》ち溢《あふ》れ収《おさ》めれば髪の毛一本立てる隙《すき》もない、歴々として孤明で、いまだ會つて欠けたことが無く、眼に一ぱいでしかも見ず、耳に一ぱいでしかも聞かない。さてそいつを何と呼べばよいか。「ああとかこうとか一言でも説いたらばもうあたらない」と古人は言った。お前たち、ただ自己に向って見究めよ。（二〇五―二〇六頁）

道元《どうげん》禅師（注４）は、①私たちはもともと無上の菩提（真我）を具《そな》えており、それを永遠に受用していること、私たちはその事実を受け入れられないために、むやみに思慮分別して仏法の大道を踏み違えていること、②法（真我）はすべての人にゆたかに具わっているが、修行しなければ現れず、悟りを開かなければ、自分のものにならないこと、③仏《ぶっ》性《しょう》（真我）は必ず、すべてのものにあること、その理由は、すべてのものが仏性（真我）であるからであること、④衆生の内も外も悉《ことごと》くが仏性（真我）であること、⑤宇宙には仏性（真我）以外の何ものも存在しないことを、「正法眼蔵《しょうぼうげんぞう》」（『正法眼蔵（一）』）のなかで次のように説いています。

◆①われらはもとより無上菩提《むじゃうぼだい》かけたるにあらず、とこしなへに受用《じゅよう》すといへども、承当《じょうとう》することをえざるゆゑに、みだりに知見をおこす事をならひとして、これを物《もの》と

おふによりて、大道《だいだう》いたづらに蹉過《さこ》す。（二四―二五頁）

◆②この法は、人々《にんにん》の分上《ぶんじやう》にゆたかにそなはれりといへども、いまだ修《しゆ》せざるにはあらはれず、証せざるにはうることなし。（一一頁）

◆③仏性かならず悉有なり、悉有は仏性なるがゆゑに。（七六頁）

◆④衆生の内外《ないげ》すなはち仏性の悉有なり。（七三頁）

◆⑤尽界はすべて客塵《かくぢん》なし、直下《ちよくか》さらに第二人あらず、（以下略）（七四頁）

道元禅師は三番目、四番目および最後の引用文で、「仏性かならず悉有なり、悉有は仏性なるがゆゑに」「衆生の内外《ないげ》すなはち仏性の悉有なり」「尽界はすべて客塵《かくぢん》なし、直下《ちよくか》さらに第二人あらず」と説いています。これらの言葉は、宇宙のすべてが仏性（真我）であり、仏性（真我）以外の何ものも存在しないことを示しています。

沢庵宗彭《たくあんそうほう》禅師（以下、「沢庵禅師」といいます）（注5）は、①太阿《たいあ》の名剣（真我）は誰にでも完全な状態で具わっていること、太阿の名剣（真我）とは心のことであること、心（真我）は人が生まれるときに生じるのではなく、人が死ぬときに消滅するのではないこと、心（真我）とは本来の面目《めんもく》であり、本性《ほんしょう》であること、②真我は世界が現れる前、父母が生まれる前から存在すること、真我は自分にもあれば、鳥、けだもの、草木など、すべてのものにあること、真我と仏性は同じものであること、真我にはすがた・形がなく、生・死もないこと、凡夫は真我を見ることができないが、悟りを開いた人は真我を見ることができること、真我を見た人を見性成仏《けんしょうじょうぶつ》の人と言うこと、釈尊は六年の苦行の後に、真我に目覚めて仏陀になったことを、「太阿記《たいあき》」（『不動智神妙録・太阿記』）のなかで次のように説いています。最初の引用文中の「太阿の名剣」とは、金鉄、玉石など何でも自由に切れる天下無比の名剣のことですが、この場合は心（真我）を意味します。

◆①太阿の名剣は、他人の手許にあるのではない。人間誰にでもそなわっていて、この一つ一つが、少しも欠け目なく、そのままに完全だということである。太阿の名剣とは、心のことである。この心は、生まれるときに生ずるのでなく、死ぬときに死ぬのではない。それゆえに本来の面目、本性というのである。（一〇七頁）

◆②真我の我とは、天地が分かれる前、父母が生まれる前から存在する我である。この我は自分にもあれば、鳥、けだもの、草木など、一切のものにある我である。仏性というのがこれである。それゆえ、この我は、影もなく形もなく、生《しょう》もなく死もない我である。普通の肉眼で見える我ではない。悟りに徹した人だけが見ることができるのだ。真我を見た人を見性成仏の人という。／昔、釈尊が雪山《せっせん》におはいりになり、六年の苦しい修行ののちに悟って仏陀となられた。すなわち真我を悟られたのだ。（九八―九九頁）

沢庵禅師は最初の引用文のなかで、「太阿の名剣は、他人の手許にあるのではない。人間誰にでもそなわっていて、この一つ一つが、少しも欠け目なく、そのままに完全だということである」と説いています。この言葉は、真我が誰にでも完全な状態で具わっていることを表しています。私たちはこれから修行して完全な真我になるのではなく、誰もが今すでに完全な真我であるということです。

二番目の引用文のなかに、「この我は自分にもあれば、鳥、けだもの、草木など、一切のものにある我である」という言葉があります。この言葉は、この世界に存在するすべてのものに真我が具わっていることを表しています。その後の「普通の肉眼で見える我ではない。悟りに徹した人だけが見ることができるのだ」という言葉は、悟りを開いた人がものを見るときは、外見だけでなく、その根底にある真我も見ていることを示しています。

盤珪永琢《ばんけいようたく》禅師（以下、「盤珪禅師」といいます）（注6）は、①不生不滅の仏心（真我）は誰にでも具わっているが、凡夫はその事実を知らないために、迷いの世界をさまよっていることを「盤珪仏智弘済禅師御示聞書」（『盤珪禅師語録』）のなかで、②寒い季節に大海の水をいろいろな桶に汲み分けておくと、桶の形（大・小・四角・円）にしたがって、いろいろな形の氷ができるが、氷が釈《と》けると、すべて大海の水と一体であるように、古《いにしえ》の仏と私たちは一体であり、隔ては何もないことを「仏智弘済禅師法語」（『盤珪禅師語録』）のなかで、次のように説いています。

◆①佛心と申ものは、不生不滅でござるによつて、面々の名に、此佛心そなはりて有ではござらぬか。其佛心有事をご存じなきにより、何れもが迷はつしやるでござるぞ。（五八頁）

◆②古の佛と今の人と皆一體にて、隔てなき、譬ば大海の水を、色々の桶にくみわけたる時、寒氣の節には氷りて、桶の大小方圓に随て、氷の形は色々あれども、釋れば、皆大海の水と一體也。（一〇三頁）

また、盤珪禅師は、自心（真我）とは釈尊、達磨《だるま》大師、諸仏あるいは祖師が考え出したものではなく、人々が本来持っている、曇りのない明らかな心であること、心（真我）は不生不滅であること、草木国土や宇宙は常住一相の心（永遠不滅の、唯一の実在である真我）であること、心（真我）は迷いも悟りもしないこと、心（真我）はあらゆる言葉による説明を超越し、有るとも無いとも言えず、知覚対象ではなく、名称がなく、すがたがなく、手もつけられず、思惟も及ばないものであること、真我を言い表す適当な言葉がなかったので、「心」と名づけられたことを、「心経抄」（『「般若心経」を読む』）のなかで次のように説いています。

◆経とは自心なりと知るべし。夫れ是は釈迦、達磨の作でもなく、千仏万祖の作でもなく、人々本来明かなる心なり。始なきが故に終あることなく、草木国土、十方世界、常住一相の心にして、終に迷いも悟りもせぬ物なり。（中略）一切言説を離れ、有無にあらず、声色にあらず、名も無く、相もなきなり。手も付られず、思惟も及ばぬ物なり。（中略）此の如く兎も角も云ふべきやうはないに依て、心と名づけたるなり。
（三八―三九頁）

盤珪禅師は引用文の最初に、「経とは自心なりと知るべし。夫れ是は釈迦、達磨の作でもなく、千仏万祖の作でもなく、人々本来明かなる心なり」と説いています。この言葉は、真我が頭のなかで考え出されたものではなく、実在であることを示しています。その後に、「終に迷いも悟りもせぬ物なり」という言葉があります。悟りとは、真我に目覚めて、迷いの世界を超越することですが、悟りは迷いがあってはじめて成り立ちます。もし迷いの状態が存在せず、最初からすべてが悟りの状態であれば、悟り・迷いの二元性は成り立ちません。真我には有・無、自・他、苦・楽、迷・悟などの二元性が存在しませんので、盤珪禅師は、「終に迷いも悟りもせぬ物なり」と説いています。

鉄眼道光《てつげんどうこう》禅師（以下、「鉄眼禅師」といいます）（注7）は、①すべての衆生（人々）はもともと涅槃《ねはん》常楽《じょうらく》の体・法身《ほっしん》般若《はんにゃ》の智身（永遠不滅の、至福と智慧《ちえ》に満ちた真我）であるが、五蘊《ごうん》の色心《しきしん》（身心）の迷いのために、凡夫となって三界《さんがい》（輪廻転生する迷いの世界）

をさまよっていること、自分がもともと法身《ほっしん》の体（真我）であり、誕生も死もないことがわかること、②悟りを開くと、誕生も死もないことを不生不滅あるいは無量寿仏と言い、誕生と死があると思うことを迷いの夢と言うこと、人間・鳥類・畜類・草木・土石などすべてのものが法身の体（真我）であることを、「鉄眼禅師仮字法語《てつげんぜんじかなほうご》」（『鉄眼禅師仮字法語』）のなかで次のように説いています。最初の引用文中の「常樂」は、常住不変で安楽であることを意味します。「五蘊」は色《しき》・受《じゅ》・想《そう》・行《ぎょう》・識《しき》の総称です。「色」は身体あるいは物質的存在（身体と外界）を意味し、「受・想・行・識」は心の働きを意味します。

◆①一切衆生は本より涅槃常樂の體にして、法身般若の智身なれども、此五蘊の色心のまよひゆゑに、凡夫となりて三界に流浪《るらう》するなり、（以下略）（九頁）

◆②此さとりをひらきて見れば、我身は我身ながら、本より法身の體にして、生れたるにもあらず、生れざる身なれば、死するといふ事もなし、これを不生不滅といひ、または無量壽佛といふ、生ずると見、死すると見る、これをまよひの夢となづく、我身すでにそのごとくなれば、人の身もそのごとし、人間そのごとくなれば、鳥類畜類、草木土石までみなしからずといふ事なし、（以下略）（一二頁）

鉄眼禅師は最初の引用文のなかで、「一切衆生は本より涅槃常樂の體にして」と説いています。涅槃（悟りの境地）では私たちはつねに不生不滅の、至福に満ちた真我として在りますので、本書では涅槃を「真我の状態」とも言います。真我の状態については第七章で、禅師と聖者の言葉を紹介します。

最初と二番目の引用文に、「一切衆生は本より涅槃常樂の體にして、法身般若の智身なれども、此五蘊の色心のまよひゆゑに、凡夫となりて三界に流浪《るろう》するなり」「生ずると見、死すると見る、これをまよひの夢となづく」という言葉があります。これらの言葉は、真我である私たちが、心の迷いのために、この世界に身体を有する個人として生まれ、生活し、死んでいく夢を見ていることを示しています。この世界が夢であることについては、第十章第一節で禅師と聖者の言葉を紹介します。

二番目の引用文のなかに、「我身すでにそのごとくなれば、人の身もそのごとし、人間そのごとくなれば、鳥類畜類、草木土石までみなしからずといふ事なし」という言葉があります。この言葉は、この世界に存在するすべてのものが法身の体（真我）であることを表しています。

山岡鉄舟《やまおかてっしゅう》翁（以下、「山岡師」といいます）（注10）は、①すべての人は果てしなく広い如意宝珠《にょいほうじゅ》（真我）をもともと持っているが、妄想のためにその事実を知らずに、暗愚な凡夫として生きていることを「鉄券之説《てっけんのせつ》（門生聞書）」（『山岡鉄舟・剣禅話』）のなかで、②本源自性天真仏（真我）は何物にも依拠せずにそれ自体で存立している主体であり、生物・非生物を含む宇宙の一切のものを存在させていることを「仏教之要旨《ぶっきょうのようし》（門生聞書）」（『山岡鉄舟・剣禅話』）のなかで、次のように説いています。最初の引用文中の「如意《にょい》宝珠《ほうじゅ》」とは、あらゆる願望をかなえる宝珠のことですが、この場合は真我を意味します。

◆①人間一人ひとりの霊性は、まことに広大無辺の如意宝珠《にょいほうじゅ》である。人びとはこれを本来的には持っているのであるが、妄想のためにそのことを知らず、まったく暗愚な凡夫になり果ててしまっているのだ。（一七五頁）

◆②もしもそのような人物になろうと欲するならば、何よりもまず、過去現在未来の三世を貫く活眼を開き、何物にも依拠せずにそれ自体で存立している主体ともいうべき物を摑まえることだ。この物こそ、前にいった天真仏なのであって、それはただこの地球だけでなく三千大千世界の森羅万象を、有情非情すべて引っくるめて存在させている霊物なのである。（一六二頁）

山岡師は二番目の引用文のなかで、「何物にも依拠せずにそれ自体で存立している主体ともいうべき物を摑まえることだ。この物こそ、前にいった天真仏なのであって」と説いています。この言葉は、本源自性天真仏（真我）が第一章で紹介した「縁起の法」を超越した存在であることを示しています。

井上義衍《いのうえぎえん》禅師（以下、「井上禅師」といいます）（注8）は、①「私」という主体（自我）

は存在しないこと、②私たちは誰でも初めから成仏《じょうぶつ》している（仏に成っている）こと、その成仏しているもの（仏＝真我）によって、身心が構成され、すべてが行われていること、③私たちは宇宙的な存在であること、④私たちの寿命は永遠であることを、『井上義衍提唱 良寛和尚 法華讃』と『井上義衍の 無門関 上』のなかで次のように説いています。

◆①自分自体というものは、元来「自我」というものが存在しないものなのです。（『井上義衍提唱 良寛和尚 法華讃』五三頁）

◆②わたしども、これからではなくて、だれでも初めから成仏しておる事実において、この身心のすべてが構成され、すべてがそれによって行われておるということが明瞭になるのです。（『井上義衍提唱 良寛和尚 法華讃』六四頁）

◆③人の様子というものは、本当に大きな、宇宙的な存在です。（『井上義衍の 無門関 上』五八頁）

◆④わたしどもの本性としての寿命というものは、永遠性なのです。（『井上義衍提唱 良寛和尚 法華讃』一三五頁）

原田《はらだ》雪溪《せっけい》禅師（以下、「原田禅師」といいます）（注9）は、①「私」という主体（自我）は存在しないこと、②すべてのものや人はもともと成仏している（仏に成っている）こと、③心（真我）は時間と空間を超越し、虚空を含むほど大きなものであること、心（真我）とは私たち自身であること、④私たちには生死がないことを、『無舌人の法話 色即是空』『自我の本質』および『禅に生きる』のなかで次のように説いています。

◆①私たちには、もともと自分（我）というものはありません。（『無舌人の法話 色即是空』六三頁）

◆②「衆生本来仏なり」といわれるように、すべてのものや人は本来成仏しているのに、（以下略）（『自我の本質』一九―二〇頁）

◆③心というのは、時間とか空間を超越して、虚空も含むような大きなものということです。これは、今の自分の姿です。（『禅に生きる』一五五頁）

◆④人というのは、今生きていると思っているのが間違いで、死ぬことはないんです。（『自我の本質』七八頁）

井上禅師と原田禅師は、私たちは成仏している、すなわち今すでに仏（真我）に成っていると説いています。一般に、人が亡くなることを「成仏する」と言いますが、これは、人は死ぬと誰でも仏に成るとの考えにもとづいています。しかし、真実は、私たちは死んでから仏に成るのではなく、誰もが今すでに仏（真我）であるということです。

黄檗禅師、臨済禅師、道元禅師、沢庵禅師、盤珪禅師、鉄眼禅師、山岡師、井上禅師および原田禅師の言葉を見てきましたが、これら九人の禅師全員が、私たちは真我である、あるいは私たちには真我が具わっていると説いています。そして、多くの禅師が真我について同じような説明をしています。また、三人の禅師は、「私」という主体（自我）は存在しないと説いています。

次に聖者の言葉を紹介しますが、三人の聖者もまた、私たちは真我であると説いていま
す。

シュリー・ラマナ・マハルシ（以下、「マハルシ師」といいます）（注11）は、①「私は身体だ」という誤った知識がすべての災いの原因であること、②「私」という主体（自我）は存在しないこと、③私たちは至福に満ちた真我であるが、その事実を知らないこと、④真我とは純粋な意識であること、純粋意識の状態（真我の状態）のなかに二元性はないこと、⑤すべては真我であること、真我は遍《あまね》く存在していること、⑥存在するのは真我だけであること、⑦真我は存在であるが、存在・非存在の二元性を超越していることを、『あるがままに』のなかで次のように説いています。

◆①「私は身体だ」という誤った知識がすべての災いの原因だ。この誤った知識が去らなければならない。（三九頁）

◆②自我というものはまったく存在しない。（四六頁）

◆③あなたは真我である。あなたはすでにそれなのである。／事実は、あなたが自分の

至福に満ちた状態に無知だということだ。（三六頁）
◆④真我とは純粋な意識である。（中略）純粋意識の状態のなかに二元性はない。（四〇頁）
◆⑤すべては真我である。（中略）真我は遍《あまね》く存在している。（二三七頁）
◆⑥真実、存在するのは真我だけである。（特別収録「私は誰か？」〔Who am I？〕）（四〇〇頁）
◆⑦真我は存在であるが、それがすべてを含んでいるため、その存在や非存在といった二元性に関する疑問の余地はない。それゆえ、それは存在、非存在とは異なると言われるのだ。（三二頁）

マハルシ師は最初の引用文のなかで、「『私は身体だ』という誤った知識がすべての災いの原因だ」と説いています。この言葉は、私たちが身体ではないことを示しています。

二番目の引用文に、「自我というものはまったく存在しない」という言葉があります。

この言葉は、黄檗禅師の「故に知んぬ、此身我無く、亦主も無きことを。（中略）故に知んぬ、此心我無く、亦主も無きことを」という言葉、井上禅師の「自分自体というものは、元来『自我』というものが存在しないものなのです」という言葉、そして原田禅師の「私たちには、もともと自分（我）というものはありません」という言葉と同じことを表しています。これらの言葉は、自我が偽りの自己（本来存在しない自己）であることを示しています。

三番目の引用文のなかの「あなたは真我である」という言葉は、黄檗禅師の「諸佛と一切衆生と唯是れ一心にして、更に別法なし」「此心是れ本源清浄佛なり、人皆之《これ》有り」という言葉、臨済禅師の「お前たちには立派なひとりの本来の自己がある」という言葉、道元禅師の「われらはもとより無上菩提《むじやうぼだい》かけたるにあらず、とこしなへに受用《じゆよう》すといへども」「この法は、人々《にんにん》の分上《ぶんじやう》にゆたかにそなはれりといへども」という言葉、沢庵禅師の「太阿の名剣は、他人の手許にあるのではない。人間誰にでもそなわっていて」という言葉、盤珪禅師の「面々の名に、此佛心そなはりて有ではござらぬか」という言葉、鉄眼禅師の「一切衆生は本より涅槃常樂の體にして、法身般若の智身なれども」という言葉、山岡師の「人間一人ひとりの霊性は、まことに広大無辺の如意宝珠《によいほうじゆ》である。人びとはこれを本来的には持っているのであるが」という言葉、井上禅師の「わたしども、これからではなくて、だれでも初めから成仏しておる事実において」という言葉、そして原田禅師の「『衆生本来仏なり』といわれるように、すべてのものや人は本来成仏しているのに」という言葉とほぼ同じことを表しています。その後の「事実は、あなたが自分の至福に満ちた状態に無知だということだ」という言葉は、鉄眼禅師の「一切衆生は本より涅槃常樂の體にして、法身般若の智身なれども、此五蘊の色心のまよひゆゑに、凡夫となりて三界に流《る》浪《らう》するなり」という言葉と、ほぼ同じことを表しています。

四番目の引用文のなかの「純粋な意識」は、仏教で真我を意味する「自性清浄心《じしょうしょうじょうしん》」と表現が似ています。「純粋意識の状態のなかに二元性はない」という言葉は、黄檗禅師の「此靈覺の性は、（中略）未だ曾て生ぜず、未だ曾て滅せず、未だ曾て有《う》ならず、未だ曾て無ならず、未だ曾て穢ならず、未だ曾て浄ならず、未だ曾て喧ならず、未だ曾て寂ならず、未だ曾て少ならず、未だ曾て老ならず」という言葉とほぼ同じことを表しています。

五番目の引用文の「すべては真我である。（中略）真我は遍《あまね》く存在している」という言葉は、黄檗禅師の「卽ち此れ本源清淨の心にして衆生《しゆじやう》諸佛《しよぶつ》世界《せかい》山河《せんが》有相《うさう》無相《むさう》偏十方界《へんじつはうかい》と一切平等、彼我の相無し」という言葉、道元禅師の「仏性かならず悉有なり、悉有は仏性なるがゆゑに」「衆生の内外《ないげ》すなはち仏性の悉有なり」という言葉、沢庵禅師の「この我は自分にもあれば、鳥、けだもの、草木など、一切のものにある我である」という言葉、盤珪禅師の「草木国土、十方世界、常住一相の心にして」という言葉、鉄眼禅師の「我身は我身ながら、本より法身の體にして、（中略）我身すでにそのごとくなれば、人の身もそのごとし、人間そのごとくなれば、鳥類畜類、草木土石までみなしからずといふ事なし」という言葉、井上禅師の「人の様子というものは、本当に大きな、宇宙的な存在です」という言葉、そして原田禅師の「心というのは、時間とか空間を超越して、虚空も含むような大きなものということです」という言葉とほぼ同じことを表しています。

六番目の引用文の「真実、存在するのは真我だけである」という言葉は、道元禅師の「尽界はすべて客塵《かくぢん》なし、直下《ちょくか》さらに第二人あらず」という言葉とほぼ同じことを表しています。第十二章で紹介しますが、黄檗禅師は、「十八界既に空なれば、一切皆空なり。唯、本心のみ有りて、蕩然として清浄なり」と、「伝心法要」（『黄檗山断際禅師 伝心法要』）のなかで説いています。この言葉も、存在するのは真我（本心）だけであることを表しています。

最後の引用文に、「真我は存在であるが、それがすべてを含んでいるため、その存在や非存在といった二元性に関する疑問の余地はない。それゆえ、それは存在、非存在とは異なると言われるのだ」という言葉があります。この言葉は、黄檗禅師の「此靈覺の性は、(中略) 未だ曾て有《う》ならず、未だ曾て無ならず」という言葉、そして盤珪禅師の「有無にあらず」という言葉とほぼ同じことを表していますが、マハルシ師の言葉はより理解しやすい表現となっています。

シュリー・ニサルガダッタ・マハラジ（以下、「マハラジ師」といいます）（注12）は、①私たちは今ここで真我であること、②私たちは不生不滅であること、③実在（真我）を言葉で表現することはできないこと、④至高の状態（真我の状態）を知覚することはできないことを、『アイ・アム・ザット 私は在る』のなかで次のように説いています。

◆①たった今ここで、あなたは真我なのだ。（四〇頁）

◆②あなたはけっして生まれなかったし、けっして死ぬこともないだろう。生まれて、そして死んでいくのは観念であり、あなたではないのだ。（四一〇頁）

◆③実在はすべてであり無であり、（中略）それについて語ることはできないのだ。（二二五頁）

◆④それは知覚不可能だ。なぜなら、それが知覚を可能にするものだからだ。（五六頁）

マハラジ師は二番目の引用文のなかで、「あなたはけっして生まれなかったし、けっして死ぬこともないだろう」と説いています。この言葉は、黄檗禅師の「此靈覺の性は、（中略）未だ曾て生ぜず、未だ曾て滅せず」という言葉、沢庵禅師の「生《しょう》もなく死もない我である」という言葉、盤珪禅師の「佛心と申ものは、不生不滅でござるによつて」「始なきが故に終あることなく」という言葉、鉄眼禅師の「生れざる身なれば、死するといふ事もなし、これを不生不滅といひ、または無量壽佛といふ」という言葉、井上禅師の「わたしどもの本性としての寿命というものは、永遠性なのです」という言葉、そして原田禅師の「人というのは、今生きているると思っているのが間違いで、死ぬことはないんです」

という言葉とほぼ同じことを表しています。

三番目の引用文のなかの「それについて語ることはできないのだ」という言葉は、黄檗禅師の「此靈覺の性は、（中略）言語を以て取るべからず」という言葉、臨済禅師の「さてそいつを何と呼べばよいか。『ああとかこうとか一言でも説いたらばもうあたらない』と古人は言った」という言葉、そして盤珪禅師の「一切言説を離れ」という言葉とほぼ同じことを表しています。

最後の引用文のなかの「それは知覚不可能だ」という言葉は、黄檗禅師の「形相無く、色象無く、音聲無し」という言葉、臨済禅師の「眼に一ぱいでしかも見ず、耳に一ぱいでしかも聞かない」という言葉、沢庵禅師の「この我は、影もなく形もなく、（中略）普通の肉眼で見える我ではない」という言葉、そして盤珪禅師の「声色にあらず」という言葉とほぼ同じことを表しています。

シュリー・ハリヴァンシュ・ラル・プンジャ（以下、「プンジャ師」といいます）（注13）は、①私たちの本性（真我）は永遠であり、つねに実現されていること、②すべては自分自身（真我）であること、③私たちは身体を超越できることを、『覚醒の炎』のなかで次のように説いています。

◆①あなたの真の本性は永遠であり、常に実現されている。（一六〇頁）

◆②すべてがあなた自身の真我であるとき、あなたから離れて存在するものは何もない。(六七―六八頁)

◆③あなたはこの身体の中で、カゴの鳥のように生きている。だが、この鳥はいつでも飛びたてるのだ。(五八頁)

三人の聖者は、九人の禅師と同様に、私たちは真我であると説いています。そして真我についての三人の聖者の説明は、九人の禅師の説明とほぼ同じです。このことは、仏教、ヒンドゥー教の違いに関係なく、釈尊と同様の悟りを開いた人は、みな同じ一つの「真実のすがた」を見ていることを示しています。

第二章で紹介しましたように、「スッタニパータ」(『ブッダのことば』)は、身体は自己ではないこと(七五六)、「私」という主体(自我)は存在しないこと(九一六)、人は身体を超越できること(一一一二)、そして悟りを開いた人は不生不滅の存在であること(九〇二)を示しています。禅師と聖者の教えは、これらの釈尊の教えとほぼ同じです。

◎ 七五六　見よ、神々並びに世人は、非我《ひが》なるものを我と思いなし、〈名称と形態〉(個体)に執著《しゅうじゃく》している。「これこそ真理である」と考えている。

◎ 九一六　師(ブッダ)は答えた、「〈われは考えて、有る〉という〈迷わせる不当な思惟〉の根本をすべて制止せよ。内に存するいかなる妄執をもよく導くために、常に心して学べ。

◎一一二一 師（ブッダ）は答えた、／「ピンギヤよ。物質的な形態があるが故に、人々が害《そこな》われるのを見るし、物質的な形態があるが故に、怠る人々は（病いなどに）悩まされる。ピンギヤよ。それ故に、そなたは怠ることなく、物質的形態を捨てて、再び生存状態にもどらないようにせよ。」

◎九〇二 ねがい求める者には欲念がある。また、はからいのあるときには、おののきがある。この世において死も生も存しない者、――かれは何を怖《おそ》れよう、何を欲しよう。

第二節　人生の目的

禅師と聖者は、私たちは不生不滅の、至福に満ちた真我であると説いています。そうであるならば、真我である私たちは何のために個人としてこの世界に生まれてきたのでしょうか。マハラジ師の言葉をもとに、その目的を考察してみたいと思います。

マハラジ師は、私たちがこの世界に生まれた目的とそれに関連することを、『アイ・アム・ザット 私は在る』のなかで次のように説いています。三番目の引用文中の「真我の実現」と四番目の引用文中の「目覚め」は、悟りを開くことを意味します。

◆①自己がそれ自身を知るためにはそれと反対のもの、非自己と直面しなければならない。欲望は体験へと導く。（八七頁）

◆②存在の静かな状態が至福なのだ。乱された状態が世界として現れる。非二元性のなかには至福がある。二元性のなかには体験がある。来ては去っていくのは苦痛と快楽の二元性の体験だ。（一二四頁）

◆③真我の実現なしには、いかなる徳も本物ではない。すべてを通して同じ生命が流れ、あなたがその生命なのだということを、疑いを超えて知ったとき、あなたはすべてを自然に自発的に愛するだろう。（一三一頁）

◆④目覚めとともに、あなたはあなた自身がすべてを包含する愛そのものだと知るのだ。（二七七頁）

◆⑤あなたが求めているのは、あなたであるものを行為のなかで表現することなのだ。このためにあなたは身体とマインドをもっているのだ。（一三〇頁）

マハラジ師は最初の引用文のなかで、「自己がそれ自身を知るためにはそれと反対のもの、非自己と直面しなければならない」と説いています。この言葉は、唯一の実在である真我が自分自身を知るためには、自分とは対照的な何か別のものを存在させて、それと向き合わなければならないことを表しています。

二番目の引用文のなかの「非二元性のなかには至福がある。二元性のなかには体験がある」という言葉は、真我の状態（非二元性）のなかには至福があり、私たちが個人として存在しているこの世界（二元性）には苦痛と快楽の体験があることを表しています。

四番目の引用文に、「目覚めとともに、あなたはあなた自身がすべてを包含する愛そのものだと知るのだ」という言葉があります。この言葉は、真我の本性が愛（慈悲）であることを示しています。

最後の引用文のなかに、「あなたが求めているのは、あなたであるものを行為のなかで表現することなのだ」という言葉があります。この言葉と三番目、四番目の引用文を考え合わせると、真我である私たちが個人としてこの世界に生まれた目的が、悟りを開いて真我に目覚め、その本性である愛（慈悲）を行為のなかで表現することであることがわかります。

マハラジ師の教えに沿って、私たちがこの世界に生まれた目的を考察すると、次のようになります。

真我は唯一の実在（非二元性）であり、ほかには何も存在しないので、自分自身を知ることも、表現することもできません。真我が自分自身を知り、その本性である愛（慈悲）を表現するためには、自分とは対照的な何か別のものが存在する二元性の世界が必要です。そこで、主体・客体、善・悪、苦・楽などが存在するこの世界が現れました。私たちは、自分が真我であることを忘れて、この二元性の世界に身体を有する個人として生まれ、欲望と恐れの人生を生き、種々の苦痛と快楽を体験します。しかし、私たちはその間もつねに真我であり、これらの体験はすべて夢のなかの出来事です。私たちが夢から覚めると（悟りを開くと）、自分が個人ではなく真我であることを自覚し、この世界のすべてのものが真我であり、自分と一体であることを認識します。その結果、欲望、執着、恐れ、好き嫌いなどの煩悩がなくなり、この世界のすべてのものを自然に愛し、その愛（慈悲）を行為のなかで表現します。真我である私たちが個人としてこの夢の世界に生まれた目的は、凡夫として種々の苦痛と快楽を体験した後に悟りを開いて真我に目覚め、その本性である愛（慈悲）を行為のなかで表現することなのです。この世界が夢（夢の世界）であることについては、第十章第一節で禅師と聖者の言葉を紹介します。

盤珪禅師は、私たちがこの世界に生まれた目的は仏になる（悟りを開く）ことであることを、「盤珪仏智弘済禅師御示聞書」（『盤珪禅師語録』）のなかで次のように説いています。

◆人界《がい》に生れましたは、佛にならんがためでござる。（七〇頁）

原田禅師は、①私たちがこの世界に生まれた目的は、無心・無我の人（想念・自我のない人）になることであること、無心・無我になった人を仏（悟りを開いた人）と言うこと、②悟りとは、すべてのものが自分と一体であることを明らかに知ることであることを、『無舌人の法話 色即是空』と『自我の本質』のなかで次のように説いています。

◆①私たちの生きる目的は、無心・無我になることで、無心・無我になった人を仏と言っています。（『無舌人の法話 色即是空』一三五頁）

◆②私たちの目的は、「一切のものが自分とひとつになる、すべては自分のものであった」と気づくことにあります。それを本当に証明することが、悟りです。（『自我の本質』二四頁）

原田禅師は二番目の引用文のなかで、「私たちの目的は、『一切のものが自分とひとつになる、すべては自分のものであった』と気づくことにあります」と説いています。この言葉は、先ほど紹介したマハラジ師の「すべてを通して同じ生命が流れ、あなたがその生命なのだということを、疑いを超えて知ったとき」という言葉とほぼ同じことを表しています。

山岡師は、悟りを開いた人のすべての言動が慈悲心（愛）のなかから湧き起こることを、「仏教之要旨（門生聞書）」（『山岡鉄舟・剣禅話』）のなかで次のように説いています。

文中の「文殊の根本智という地位と、この普賢の妙行の境地とをわがものにして」という言葉は、「悟りを開いて」を意味します。また、「衆生済度」は、衆生を迷いの苦しみから救って悟りに導くことを意味します。

◆文殊の根本智という地位と、この普賢の妙行の境地とをわがものにして社会生活における問題に対処してゆけば、その人のすべての言行動作は徹底した慈悲心のなかから湧き起こってくることになり、することなすことのことごとくは、苦を抜き楽を与える衆生済度にほかならないことになる。このことを名づけて観音三昧という。（一五八―一五九頁）

盤珪禅師と原田禅師は、私たちがこの世界に生まれた目的は悟りを開くことであると説いています。そして山岡師は、悟りを開いた人のすべての言動は慈悲心（愛）のなかから湧き起こると説いています。これらの教えを考え合わせると、私たちがこの世界に生まれた目的が、悟りを開いて真我に目覚め、その本性である愛（慈悲）から湧き起こる言動により、衆生を迷いの苦しみから救うことであることがわかります。この教えは、先ほど紹介したマハラジ師の教えとほぼ同じです。

「スッタニパータ」（『ブッダのことば』）のなかには、次に示すように、慈悲深い心をつねに保って、それを行為のなかで表現するよう修行者に求めている詩句があります。

◎一五〇　また全世界に対して無量の慈しみの意《こころ》を起すべし。／上に、下に、また横に、障害なく怨みなく敵意なき（慈しみを行うべし）。

◎一五一　立ちつつも、歩みつつも、坐しつつも、臥《ふ》しつつも、眠らないでいる限りは、この（慈しみの）心づかいをしっかりとたもて。／この世では、この状態を崇高な境地と呼ぶ。

真我である私たちが、この世界に個人として生まれた目的が、凡夫として種々の苦痛と快楽を体験した後に悟りを開いて真我に目覚め、その本性である愛（慈悲）を行為のなかで表現することであるならば、最終的にはこの世界に生まれたすべての人が悟りを開くことができるはずです。井上禅師とプンジャ師は、最終的にはすべての人が悟りを開くと説いています。

井上禅師は、最終的にはすべての人が悟りを開くことを、『禅――もう迷うことはない！』のなかで次のように説いています。

◆これ自体（身）が成仏しなければ収まらないのだから仕方ないでしょう。（中略）／それだから（中略）生まれ変わり死に変わりして、もうどんなにしても、最終的に、どうしてもこの道に入ってきて、そしてこれを行じなければならないように出来ているのです。（一一六頁）

プンジャ師も、最終的にはすべての人が悟りを開くことを、『覚醒の炎』のなかで次のように説いています。

◆遅かれ早かれ誰もが目を覚ます。それが人間としてあなたが生まれながらにもっている権利なのだ。目を覚まして自由になる決意をするために、あなたはこの身体を授かった。（一七〇頁）

第六章　自己と世界

私たちは、自分はこの世界で苦痛と快楽の人生を送っていると思っていますが、その間も私たちはつねに不生不滅の、至福に満ちた真我として在ります。私たちは、自分は世界のなかに存在していると思っていますが、真実はその逆で、世界が私たち各人の心のなかに存在しています。また、私たちは、悟りを開いた人も私たちが見ている世界と同じ世界を見ていると思っていますが、悟りを開いた人は私たちが見ている世界とは様子の異なる世界を見ています。

このように自己と世界の関係は少し複雑ですので、禅師と聖者の言葉を、①真我の状態、②心のなかに現れた世界、③真実の世界、④夢の世界、の四つに分けて紹介します。これらの概要をごく簡単にまとめると次のようになります。詳細については、第七章〜第十章で禅師と聖者の言葉を紹介します。

（一）真我の状態

真我の状態とは、私たちが真我として在る今この瞬間を言います。そこには心も時間も空間もありません。真我の状態ではすべてが渾然《こんぜん》一体となっていて区別がありませんので、悟りを開いた人も凡夫も真我の状態がどのようなものかを知ることができません。

悟りを開いた人は自分がつねに真我の状態のなかに在ることを知っていますが、凡夫はつねに真我の状態のなかに在るにもかかわらず、その事実を知りません。

（二）心のなかに現れた世界

私たちの心は多層構造になっていますが、本書では心は、自我に支配されていない究極の心（以下、「無我の心」といいます）と自我に支配された心（以下、「自我の心」といいます）の二つの層からなると単純化して考えています。

無我の心には真我の状態を反映した真実の世界が現れています。無我の心は真我から分離していませんので、無我の心と真実の世界は実在です。したがって、私たちは真我であり、かつ無我の心でもあります。

自我の心には真実の世界が変容した夢の世界が現れています。自我の心は真我から分離していますので、自我の心と夢の世界は非実在です。私たちが普段「心」だと思っているもの（知性・感情・意志などの総体）は、自我の心です。

(三) 真実の世界

真実の世界では、真我の状態で渾然一体となっていたものが、個々のものに多様化して現れています。しかし、個々のものは分離しておらず、すべては一つです。真実の世界では身体、世界などすべてのものが空《くう》であり、実体（本体・実質）がありません。また、真実の世界には時間も空間もありません。すべてのものは瞬間瞬間に生じては滅し、生じては滅しながら相続しています。

悟りを開いた人は真実の世界を認識していますが、凡夫は夢を見ているために、真実の世界を認識することができません。

(四) 夢の世界

夢の世界では、真実の世界で多様化して現れたものが、個々に分離して、二元性の世界となっています。また、本来は空であるものが、すべて実体のあるものとして現れています。夢の世界には時間と空間があります。

凡夫は自分が真我であることを忘れて、この世界（夢の世界）で個人として欲望と恐れの人生を生き、種々の苦痛と快楽を体験している夢を見ています。

第七章　真我の状態

真我の状態とは、私たちが真我として在る今この瞬間を言います。そこには心も時間も空間もありません。真我の状態ではすべてが渾然一体となっていて区別がありませんので、悟りを開いた人も凡夫も真我の状態がどのようなものかを知ることができません。

悟りを開いた人は自分がつねに真我の状態のなかに在ることを知っていますが、凡夫はつねに真我の状態のなかに在るにもかかわらず、その事実を知りません。

第一節　今この瞬間

時間は過去・現在・未来の三つに分けることができますが、過去は記憶のなかに、未来は想像のなかにしか存在しませんので、現実に存在するのは現在だけです。現在と表現すると少し漠然としていますので、より厳密に表現すると、現実に存在するのは今この瞬間だけです。今この瞬間より時間が一万分の一秒でも前後にずれると、そこは過去または未来です。したがって、今この瞬間は過去と未来の境界線のようなものであると言うことができます。

時間は過去から現在、そして現在から未来へと連続して流れていますので、私たちは今この瞬間をつねに認識していると思っています。しかし、禅師は、今この瞬間を認識することは不可能であると説いています。さらに禅師と聖者は、私たちは誰でも今この瞬間においては真我として在ると説いています。

第五章第一節で私は、「涅槃（悟りの境地）では私たちはつねに不生不滅の、至福に満ちた真我として在りますので、本書では涅槃を『真我の状態』とも言います」と述べました。私たちは誰でも今この瞬間においては真我として在りますので、今この瞬間は真我の状態であり、涅槃《ねはん》（悟りの境地）です。

原田禅師は、①今この瞬間という時はないこと、②今この瞬間（真我の状態）では、すべてが渾然一体となっていること、③今この瞬間（真我の状態）を言葉で説明することはできないこと、今この瞬間（真我の状態）には時間も空間も存在しないこと、私たちは誰でも今この瞬間（真我の状態のなか）で生活していることを、『自我の本質』のなかで次のように説いています。

◆①過去と未来を区別している「今」はなにかというと、「今」というのは絶対にわからない。ないんですね、「今」という時は。（三六―三七頁）

◆②「わかる」ということは、隔てができるから見えるんです。見えないということは、ものとひとつになっているから見えないんです。そのものとひとつになっている状態を、「法」と説明したわけです。（三七頁）

◆③「今」というのは、説明ができない世界です。距離もありませんし、時間もありませんし、場所もありません。そういうことを自覚するとかしないとかに関わらず、あるいは信じるとか信じないに全く関係なく、誰でも「今」というところで生活をしているわけです。（七七頁）

原田禅師は最初の引用文のなかで、「ないんですね、『今』という時は」と説いています。今この瞬間（真我の状態）は過去と未来の間に存在しますが、そこには時間がありませんので、今この瞬間を時間の概念で表現することはできません。

二番目の引用文のなかに、『わかる』ということは、隔てができるから見えるんです。見えないということは、ものとひとつになっているから見えないんです」という言葉があります。人が何かを認識するためには、対象物を他のものと区別する必要がありますが、真我の状態では自分を含めてすべてが渾然一体となっていて区別がありませんので、悟りを開いた人も凡夫も真我の状態がどのようなものかを知ることができません。

井上禅師は、①本来の面目《めんもく》あるいは空劫已前《くうごういぜん》の自分（真我）とは、今この瞬間を言うこと、②私たちは認識不可能な世界（真我の状態のなか）で生活していることを、『井上義衍の 無門関 上』と『井上義衍の 無門関 中』のなかで次のように説いています。

◆①本来の面目とか、空劫已前《くうごういぜん》の自分とかということは、現在のこの一刻《とき》をいう。（『井上義衍の 無門関 上』七頁）

◆②すでに出来上がっておる世界というものは、人の知らない世界です。その知らない世界に生活しておる。（『井上義衍の 無門関 中』一〇三頁）

道元禅師は、今この瞬間、ここ（各人がいる場所）が法性《ほっしょう》（真我の状態）であり、法性（真我の状態）は今この瞬間、ここ（各人がいる場所）に在ることを、「正法眼蔵」（『正法眼蔵（三）』）のなかで次のように説いています。

◆即今の遮裏《しゃり》は法性なり。法性は即今の遮裡なり。（九七頁）

第十三章第一節で紹介しますが、道元禅師は、「恁麼時《いんもじ》の而今《しきん》は、吾《われ》も不知《ふち》なり、誰《たれ》も不識《ふしき》なり、汝《なんぢ》も不期《ふご》なり、仏眼《ぶつげん》も覰不見《しょふけん》なり。人慮《にんりょ》あに測度《しきたく》せんや」と、「正法眼蔵」（『正法眼蔵（二）』）のなかで説いています。この言葉は、永遠の今（真我の状態）がどのようなものかを誰も知ることができないことを表しています。

プンジャ師は、悟りの境地（真我の状態）が今この瞬間、ここ（各人がいる場所）に在ることを、『覚醒の炎』のなかで次のように説いています。

◆解脱《げだつ》、悟りは永遠かつ自然なものであり、それは今、ここに在る。（一六〇頁）

第五章第一節で、マハラジ師の「たった今ここで、あなたは真我なのだ」（『アイ・アム・ザット 私は在る』）という言葉を紹介しました。この言葉も、真我の状態が今この瞬間、ここ（各人がいる場所）に在ることを示しています。

禅師と聖者は、真我の状態は今この瞬間、ここ（各人がいる場所）に在ると説いています。

プンジャ師は、今この瞬間（真我の状態）には心が存在しないことを、『覚醒の炎』のなかで次のように説いています。

◆時間の存在しない現在の瞬間には、心も存在しない。（三三四頁）

第八章で紹介しますが、マハラジ師は、「すべての時間と空間はマインドのなかにある。どこにマインドを超えた世界を位置づけるというのだろうか？」「身体とその出来事は、マインドのなかに存在するのだ」と、『アイ・アム・ザット 私は在る』のなかで説いています。プンジャ師は、現在の瞬間に心は存在しないと説いていますので、今この瞬間（真我の状態）には、時間、空間、身体、世界、出来事など、心に由来するものは何もないことになります。

第二章で紹介しましたように、「スッタニパータ」（『ブッダのことば』）の詩句七六三は、安らぎ（悟りの境地）が凡夫の近くにあることを示しています。禅師と聖者の教えは、この釈尊の教えとほぼ同じです。

◎ 七六三　覆《おお》われた人々には闇《やみ》がある。（正しく）見ない人々には暗黒がある。善良なる人々には開顕《かいけん》される。あたかも見る人々に光明のあるようなものである。理法が何であるかを知らない獣（のような愚人）は、（安らぎの）近くにあっても、それを知らない。

第二節　真我の状態のなかに常在

過去は記憶のなかに、未来は想像のなかにしか存在しませんので、現実に存在するのは今この瞬間だけです。今この瞬間は時間の流れとともにつねに存在しますので、今この瞬間は「永遠の今」でもあります。したがって、私たちが今この瞬間において真我であるということは、私たちがつねに真我であることを意味します。

盤珪禅師は、迷いも悟りも涅槃（真我の状態）のなかでの迷いと悟りであり、迷ったときも悟りを開いたときも、涅槃の出入りは何もないこと、迷いとは、涅槃（真我の状態のなか）にいながら、それを忘れて、余所《よそ》にいると勘違いするようなものであり、涅槃に到達した（悟りを開いた）といっても、涅槃はもともと我が家であることを、「心経抄」（『「般若心経」を読む』）のなかで次のように説いています。

◆迷も涅槃の迷、悟も涅槃の悟なり。迷て涅槃をいでず、悟て涅槃にいらず、出入のなきことなり。（中略）迷ふたと云ふは、己が家に居ながら、忘れて余所の家に居ると思ふやうなものぞ。我が家じゃと知ったと云ふても、今初めて己が家に入りはせぬ、本来より本宅なり。（一八一頁）

盤珪禅師は引用文のなかで、「迷ふたと云ふは、己が家に居ながら、忘れて余所の家に居ると思ふやうなものぞ」と説いています。私たちはつねに真我の状態のなかに在るにもかかわらず、心の迷いのために、自我の心に現れたこの世界（夢の世界）に個人として存在している夢を見ているだけなのです。

道元禅師は、①仏道を信じる者は、自分はもともと道（真我の状態）のなかに在って、迷い・惑いがなく、妄想せず、真理に背《そむ》く考え・在り方をせず、増減がなく、誤りがないことを信じなければならないこと、②衣服を着、食事をするなどの行為は、法性三昧《ほっしょうざんまい》（真我の状態）のなかで起こっていることを、「学道用心集《がくどうようじんしゅう》」（『道元禅師語録』）と「正法眼蔵」（『正法眼蔵（三）』）のなかで、次のように説いています。

◆①佛道を信ずる者は、須らく自己本道《もと》中に在つて、迷惑せず、妄想せず、顚倒せず、増減無く、悞謬無しといふことを信ずべし。（『道元禅師語録』四三頁）

◆②「著衣喫飯」は、法性三昧の著衣喫飯なり。（『正法眼蔵（三）』九七頁）

道元禅師は最初の引用文で、「佛道を信ずる者は、須らく自己本道《もと》中に在つて、迷惑せず、妄想せず、顚倒せず、増減無く、悞謬無しといふことを信ずべし」と説いています。この言葉は、私たちが個人としてこの世界（夢の世界）で妄想顚倒《てんどう》している間も、真の自己はつねに真我の状態のなかに在って、その影響をまったく受けないことを示しています。

井上禅師は、私たちがつねに道（真我の状態）のなかに在り、そこで着衣喫飯《ちゃくえきっぱん》などの行為が起こっていることを、『井上義衍の 無門関 中』のなかで次のように説いています。

◆この道から離れようというても離れられない。常に道の中にあって、そして「着衣《ちゃくえ》喫飯《きっぱん》」そうでしょう。このいちいちの着物を着る、ご飯を食べる、活動をする、それがみんな道そのもの自体です。（一三六頁）

道元禅師と井上禅師は、私たちはつねに真我の状態のなかに在り、そこで私たちの行為が起こっていると説いています。行為については第九章第四節で、聖者と禅師の言葉を紹介します。

第一節で、原田禅師の「『今』というのは、説明ができない世界です。距離もありませんし、時間もありませんし、場所もありません。そういうことを自覚するとかしないとかに関わらず、あるいは信じるとか信じないに全く関係なく、誰でも『今』というところで生活をしているわけです」（『自我の本質』）という言葉を紹介しました。この言葉も私たちがつねに真我の状態のなかに在ることを示しています。

第八章　心のなかに現れた世界

私たちの心は多層構造になっていますが、本書では心は、自我に支配されていない究極の心（無我の心）と自我に支配された心（自我の心）の二つの層からなると単純化して考えています。

無我の心には真我の状態を反映した真実の世界が現れています。無我の心は真我から分離していませんので、無我の心と真実の世界は実在です。したがって、私たちは真我であり、かつ無我の心でもあります。

自我の心には真実の世界が変容した夢の世界が現れています。自我の心は真我から分離していますので、自我の心と夢の世界は非実在です。私たちが普段「心」だと思っているもの（知性・感情・意志などの総体）は、自我の心です。

私たちは、自分は世界のなかに存在していると思っていますが、真実はその逆で、私たち各人の心のなかに世界が存在する、と聖者と禅師は説いています。

マハラジ師は、①私たち各人の身体が誕生したときに、世界（各人の世界）が現れること、②身体と出来事は各人の心のなかに存在すること、③時間、空間、世界など、すべては各人の心のなかに存在すること、心は多層構造になっており、それぞれの層の心が真我の状態からの情報を独自に解釈し、それにもとづいた世界をつくり出すこと、④悟りを開いた人は真実の世界を見ているが、凡夫は夢の世界を見ていること、⑤心のなかに現れた世界のなかで、究極のものは真実の世界（分離のない多様性の世界）であること、⑥心は世界を創造するために、舞台と登場人物の両方をつくり出すことを、『アイ・アム・ザット 私は在る』のなかで次のように説いています。

◆①あなたが身体のなかに生まれて、はじめて世界は存在を現す。身体がなければ、世界はない。（二二四頁）

◆②身体とその出来事は、マインドのなかに存在するのだ。（一九三頁）

◆③すべての時間と空間はマインドのなかにある。どこにマインドを超えた世界を位置づけるというのだろうか？　マインドには多くのレベルがあり、それぞれがそれ自体

の解釈を投影する。それでも、すべてはマインドのなかにあり、マインドによって創造されたものなのだ。（五二一頁）

◆④私の世界は真実だ。あなたの世界は夢でできているのだ。（九八頁）

◆⑤分離のない多様性、それこそマインドが触れることのできる究極なのだ。（二四八頁）

◆⑥マインドは役者と舞台の両方だ。（中略）マインドは世界とその素晴らしい多様性のすべてを創造する。良い劇にはあらゆる類《たぐい》の登場人物や舞台設定があるように、あなたも世界をつくり出すのに、あらゆるものごとが少しずつ必要なのだ。（一七三頁）

マハラジ師は最初の引用文のなかで、「身体がなければ、世界はない」と説いています。この言葉は、世界が個人の誕生とは無関係な客観的存在ではないことを示しています。

二番目と三番目の引用文に、「身体とその出来事は、マインドのなかに存在するのだ」「すべての時間と空間はマインドのなかにある。どこにマインドを超えた世界を位置づけるというのだろうか？」という言葉があります。これらの言葉は、私たちの身体、世界など、すべてのものが心のなかの現れであることを示しています。

三番目、四番目および五番目の引用文のなかに、「マインドには多くのレベルがあり、それぞれがそれ自体の解釈を投影する」「私の世界は真実だ。あなたの世界は夢でできているのだ」「分離のない多様性、それこそマインドが触れることのできる究極なのだ」という言葉があります。これらの言葉は、私たちの心が多層構造になっていること、それぞれの層の心が真我の状態からの情報を独自に解釈し、それにもとづいた世界をつくり出すこと、そして真実の世界（分離のない多様性の世界）をつくり出す無我の心が、夢の世界をつくり出す自我の心の対極にあり、それらの間にそれぞれ様子の異なる世界をつくり出す複数の心の層があることを示しています。本書では、心は真実の世界をつくり出す無我の心と夢の世界をつくり出す自我の心の二つの層からなると単純化して考えています。

最後の引用文に、「マインドは役者と舞台の両方だ。（中略）マインドは世界とその素晴らしい多様性のすべてを創造する。良い劇にはあらゆる類《たぐい》の登場人物や舞台設定があるように、あなたも世界をつくり出すのに、あらゆるものごとが少しずつ必要なのだ」という言葉があります。この言葉は、私たち各人の心が真我の状態からの情報をもとに、世界という舞台だけでなく、そこに登場するすべての人物をもつくり出すことを表しています。

マハルシ師は、①真我が自我をつくり出したこと、自我とは、この世界（夢の世界）として現れた想念の総体であること、②自我に支配された心（自我の心）は理性、思考あるいは感覚機能として働くこと、自我によって限定されない普遍的心（無我の心）は真我から分離していないこと、③自我が想念の活動を表すこと、④真我として知覚された宇宙

（無我の心に現れた真実の世界）は実在であり、真我から分離したものとして知覚された宇宙（自我の心に現れた夢の世界）は非実在であることを、『あるがままに』のなかで次のように説いています。最後の引用文中の「それ」は、シャンカラーチャーリヤ（八世紀のアドヴァイタ・ヴェーダーンタ教義の唱道者）のマーヤー（幻想）についての見解を指しています。

◆①真我が自我をつくり出した。そして自我とはあなたが尋ねている世界や、植物や、樹木として現れた想念の総体なのである。（五〇頁）

◆②自我が心を支配するとき、それは理性、思考あるいは感覚機能として働く。自我によって限定されない普遍的心は、それ自体から分離していない。（九二頁）

◆③それぞれの観念や想念は誰かの想念としてのみ起こり、自我から独立して存在することはない。それゆえ、自我が想念の活動を表すのだ。（八七頁）

◆④それは、もし真我として知覚されれば宇宙は実在であり、真我から分離したものとして知覚されれば宇宙は非実在だということを意味している。（三二五頁）

マハルシ師は最初の引用文のなかで、「真我が自我をつくり出した」と説いています。第五章第二節で、真我である私たちが個人としてこの夢の世界に生まれた目的は、凡夫として種々の苦痛と快楽を体験した後に悟りを開いて真我に目覚め、その本性である愛（慈悲）を行為のなかで表現することである、というマハラジ師の教えを紹介しました。おそらく真我は、その目的にかなった舞台づくりと、その舞台の上で種々の精神活動をおこなう「私」という主体（主役）の両方を担当させるために、自我をつくり出したのであろうと考えられます。その後の「自我とはあなたが尋ねている世界や、植物や、樹木として現れた想念の総体なのである」という言葉は、自我が夢の世界（舞台）をつくり出すことを示しています。そして二番目の引用文のなかの「自我が心を支配するとき、それは理性、思考あるいは感覚機能として働く」という言葉は、自我が「私」という主体（主役）として夢の世界（舞台）で種々の精神活動をおこなうことを示しています。したがって、私たちが普段「心」だと思っているもの（知性・感情・意志などの総体）は、自我の心です。聖者の言葉のなかに出てくる「心」あるいは「マインド」も、その大部分が自我の心を意味します。

二番目の引用文のなかの「自我によって限定されない普遍的心は、それ自体から分離していない」という言葉は、無我の心が真我から分離していないことを表しています。したがって、私たちは真我であり、かつ無我の心でもあります。自我の心は真我から分離していますので、実在ではありません。

三番目の引用文のなかに、「自我が想念の活動を表すのだ」という言葉があります。この言葉は、欲望、執着、恐れなどの想念は、すべて自我の働きによることを示しています。

第五章第一節で紹介しましたように、禅師と聖者は、すべては真我であり、真我は遍《あまね》く存在すると説いています。したがって、非実在である自我、自我の心および夢の世界も真我であることに変わりはありません。

プンジャ師は、私たちがこの世界（夢の世界）で見るものや体験することは、すべて自分の心がつくり出したものであることを、『覚醒の炎』のなかで次のように説いています。

◆何であれあなたが見ることや体験することは、あなたの心の構築物でしかない。（一四二頁）

黄檗禅師は、この世界のすべての事物は自分の心によってつくり出されること、天・人間・修羅・地獄などの六道（輪廻転生する迷いの世界）も、すべて自分の心によってつくり出されることを、「宛陵録《えんりょうろく》」（『黄檗山断際禅師 伝心法要』）のなかで次のように説いています。

◆故に知んぬ、一切の諸法は皆心に由って造られ、乃至、人天《にうでん》地獄《ぢごく》六道《ろくだう》修羅《しゆら》盡く心に由つて造らるることを。（七七頁）

臨済禅師は、すべての存在は空《くう》であり（実体がなく）、因縁（原因・条件）によって現れて有となり、因縁によってまた無となること、三界（輪廻転生する迷いの世界）は心がつくり出したものであり、すべてのものは識（識別作用：心の働きの一つ）によって現れたものであるので、このような夢幻や空華《くうげ》（眼病者が空中に見る幻の花）に等しいものを捉えようとしてはいけないことを、「臨済録」（『臨済録』）のなかで次のように説いています。

◆わしから見ると、すべての存在は空相であって、因縁によって現れて有となり因縁によってまた無となる。三界は唯心の所造《しょぞう》であり、万法は唯識の所現《しょげん》であるからだ。だから古人もこんな夢幻空花にひとしいものを捉《とら》えようとあがきまわるなと言っている。（一三二頁）

鉄眼禅師は、色《しき》（身体）・受《じゅ》（感受作用）・想《そう》（表象作用）・行《ぎょう》（形成作用）の基《もとい》である識《しき》（識別作用）は、三界・六道（輪廻転生する迷いの世界）や人々の身体から万物・天地・虚空までを生み出す迷いの根本であることを、『鉄眼禅師仮字法語』（『鉄眼禅師仮字法語』）のなかで次のように説いています。文中の「色受想行」に「識」を合わせたものを「五蘊《ごうん》」と言い、「色」は身体あるいは物質的存在（身体と外界）を意味し、「受・想・行・識」は心の働きを意味します。

◆識《しき》といふは、是すなはち色受想行の四つのもとゐとなりて、三界六道を生じて、人々

の身より、森羅萬象天地虚空までを生ずる、まよひの根本なり。（三二頁）

井上禅師は、①私たちの身体が誕生すると同時に宇宙（各人の宇宙）が現れること、②私たちは自我の心があるために真実の世界を見ることができないことを、『井上義衍提唱 僧璨大師 信心銘』と『井上義衍の 無門関 中』のなかで次のように説いています。二番目の引用文中の「活動体」は心を意味します。

◆①この身心が出てくると同時に、宇宙として、全体が一緒に出たんですから、「因果一如の門開け」というんです。（『井上義衍提唱 僧璨大師 信心銘』二五頁）

◆②活動体自体が自分に迷わされて、その中に「わたし」というものを認めた。その認めたものが、次から次へ自分たちのこの五官をとおし、六根をとおして、ものに触れるたびごとに千変万化して絡み合って、自分たちを保っておる。それですから、そこから離れた境地というものを見ることができないように出来てるんです。（『井上義衍の 無門関 中』九三頁）

井上禅師は最初の引用文のなかで、「この身心が出てくると同時に、宇宙として、全体が一緒に出たんです」と説いています。この言葉は、先ほど紹介したマハラジ師の「あなたが身体のなかに生まれて、はじめて世界は存在を現す」という言葉とほぼ同じことを表しています。

二番目の引用文のなかに、「そこから離れた境地というものを見ることができないように出来てるんです」という言葉があります。この言葉は、私たちが悟りを開くまで（自我が消滅するまで）、真実の世界を見ることができないことを示しています。

第九章第二節で紹介しますが、井上禅師は、「法界《ほっかい》全体をこのわたしどもの、この身心のうえに乗せておるのです。この身心のうえ以外に、何もほかに存在しておるのじゃないのです」と、『井上義衍提唱　良寛和尚　法華讃』のなかで説いています。この言葉は、宇宙全体が私たち各人の心のなかに存在することを表しています。

聖者と禅師は、時間、空間、身体、世界（舞台と登場人物）、出来事など、すべては私たちの心のなかに存在する、あるいは私たちの心が世界をつくり出すと説いています。

第九章　真実の世界

無我の心には真我の状態を反映した真実の世界が現れています。無我の心は真我から分離していませんので、無我の心と真実の世界は実在です。したがって、私たちは真我であり、かつ無我の心でもあります。

真実の世界では、真我の状態で渾然一体となっていたものが、個々のものに多様化して現れています。しかし、個々のものは分離しておらず、すべては一つです。真実の世界では身体、世界などすべてのものが空であり、実体（本体・実質）がありません。また、真実の世界には時間も空間もありません。すべてのものは瞬間瞬間に生じては滅し、生じては滅しながら相続しています。

悟りを開いた人は真実の世界を認識していますが、凡夫は夢を見ているために、真実の世界を認識することができません。

第一節　すべては一つ

私たちは、すべてのものは自分から分離して存在しており、個々のもの同士も分離して存在していると認識しています。しかし、聖者と禅師は、すべては一つであり、すべてが真我であると説いています。

マハラジ師は、①真実の世界では多様化して現れたすべてのものが実在（真我）から分離していないこと、②真実の世界では多様化して現れた個々のもの同士も分離していないことを、『アイ・アム・ザット 私は在る』のなかで次のように説いています。

◆①私にとって多様性や変化は分離を生みださないのだ。（中略）私にとって名前と形は、実在の絶えず変化する表現であり、それから離れてはいないのだ。（三八六頁）

◆②ものごとや人びとはさまざまだ。しかし、それらは分離していない。（二三七頁）

原田禅師は、区別はあるが、一つであるものを分離していると見ることを「無明」と言うこと、凡夫の迷妄はそこから始まることを、『禅に生きる』のなかで次のように説いています。

◆無明《むみょう》というのは、本来分かれておりながら一つであるものを二つに見ること。迷い、愚痴、邪見などは、必ずそういうところから出てきたものです。（一二〇―一二一頁）

マハラジ師と原田禅師の教えに沿って真実の世界と夢の世界について考察すると、次のようになります。

真実の世界では、真我の状態で渾然一体となっていたものが多様化して現れていますので、そこには区別が存在します。そのため、悟りを開いた人は、個々のものを認識することができます。しかし、それらは真我から分離していませんし、個々のもの同士も分離していません。多様化して現れていますが、すべては一つです。一方、夢の世界を見ている私たちは、個々のものは自分から分離しており、個々のもの同士も分離していると認識しています。このように、多様化しているが本来一つであるものを分離していると見ることを「無明」と言い、私たちはそのために欲望、執着、恐れ、好き嫌いなどの煩悩を持つことになります。

第五章第一節で、プンジャ師の「すべてがあなた自身の真我であるとき、あなたから離れて存在するものは何もない」（『覚醒の炎』）という言葉を紹介しました。また、第五章第二節では、マハラジ師の「すべてを通して同じ生命が流れ、あなたがその生命なのだということを、疑いを超えて知ったとき、あなたはすべてを自然に自発的に愛するだろう」（『アイ・アム・ザット 私は在る』）という言葉、そして原田禅師の「私たちの目的は、『一切のものが自分とひとつになる、すべては自分のものであった』と気づくことにあります。それを本当に証明することが、悟りです」（『自我の本質』）という言葉を紹介しました。これらの言葉も、世界は多様化しているが、すべては一つであることを示しています。

第二節で紹介しますが、井上禅師は、「この身心は、『境』と一緒になっています」と、『井上義衍提唱 僧璨大師 信心銘』のなかで説いています。この言葉は、真実の世界ではすべてが一体であり、自他の二元性は存在しないことを示しています。

マハルシ師は、①悟りを開いた人は世界を自分から分離したものとしては見ないこと、②ジニャーニ（悟りを開いた人）がものを見るときは、その根底にある真我も見ていることを、『あるがままに』のなかで次のように説いています。

◆①あなたが身体意識を超越するとき、「他者」もともに消え去る。真我を実現した人は、世界を彼自身と別のものとしては見ないのである。（五〇頁）

◆②世界を見ながら、ジニャーニは見られるものすべての根底にある真我を見ているが、（以下略）（六六頁）

鉄眼禅師は、真我とそれが多様化して世界に現れた種々の物との関係を、金と種々の金製品との関係にたとえています。鉄眼禅師は、たとえば金製品を形のほうから見ると、鬼は恐ろしく仏は尊いが、素材である金のほうから見ると、鬼も仏もただ一体の金であり、どのような差別《しゃべつ》もつけられないこと、同様に、真如《しんにょ》（真我）のほうから一切の存在を見ると、すべてが金であるように、どのような差別もつけられないが、物のほうから一切の存在を見ると、さまざまな形に分かれており、衆生はそれらの形に迷わされていること、諸仏（悟りを開いた人）は、それらのなかの真如（真我）を見ていること、真如の体（真我）である金を見ることができれば、さまざまな差別の形はあっても、すべてが平等であり、一体であることがわかることを、「鉄眼禅師仮字法語」（『鉄眼禅師仮字法語』）のなかで次のように説いています。

◆たとへをとりてこれをいはゞ、金《こがね》にてさま〴〵の物のかたちをつくりたるがごとし、その形よりこれを見れば、鬼はおそろしく、佛はたつとく、（中略）金のかたよりこれを見れば、鬼もこがね、佛もこがね、（中略）たゞ一體の金にして、露ばかりも差別はたてがたし。萬法もまたそのごとし、眞如のかたよりこれを見れば、たゞ黄金のごとくにして、毛頭も差別なし、萬法のかたよりこれを見れば、さま〴〵のかたちわかれたり、衆生はそのかたちにまよふ、諸佛はその眞如をさとる、眞如の體の黄金を

さとれば、さまぐ〳〵の差別のかたちは、あるにまかせて、たゞ平等にして一味なり、

（以下略）（二三—二四頁）

鉄眼禅師は引用文のなかで、「眞如の體の黄金をさとれば、さまぐ〳〵の差別のかたちは、あるにまかせて、たゞ平等にして一味なり」と説いています。このことを仏教では「差別即平等」「平等即差別」と言います。

第五章第一節で、沢庵禅師の「この我は自分にもあれば、鳥、けだもの、草木など、一切のものにある我である。（中略）普通の肉眼で見える我ではない。悟りに徹した人だけが見ることができるのだ」（『不動智神妙録・太阿記』）という言葉を紹介しました。この言葉も、悟りを開いた人がものを見るときは、外見だけでなく、その根底にある真我も見ていることを示しています。

私たちは、すべてのものは自分から分離して存在しており、個々のもの同士も分離して存在していると認識しています。しかし、私たちが悟りを開くと、すべては一つであることがはっきりとわかることを、これらの教えは示しています。

第三節　空

第二章の二で紹介した「スッタニパータ」（『ブッダのことば』）の詩句一一一九の〔考察〕で、私は、「『空《くう》』は実体（本体・実質）がないことを意味します」と述べました。「空《くう》」を辞書で調べると、『広辞苑』では、「〔仏〕もろもろの事物は縁起によって成り立っており、永遠不変の固定的実体がないということ」などとなっており、『岩波仏教辞典』では、「固定的実体の無いこと。実体性を欠いていること」などとなっています。「固定的実体がないこと」は二つの辞書に共通した解釈ですが、本書で紹介する禅師の言葉には、「実体（本体・実質）がないこと」のほうがぴったり合います。

第八章で紹介しましたように、聖者と禅師は、世界は私たちの心のなかに存在する、あるいは私たちの心が世界をつくり出すと説いています。

井上禅師は、心がつくり出したものには実体がないことを、『井上義衍の 無門関 下』のなかで次のように説いています。

◆心は、ないものをここにあるように描いて、取り扱ったり、取り扱われたりするようなことができる道具立てです。その中に、実体というものはありえないものです。

（四四頁）

井上禅師は引用文のなかで、「その中に、実体というものはありえないものです」と説いています。この言葉は、心がつくり出したものには実体がないことを表しています。したがって、心がつくり出した世界にも実体はありません。第八章で、マハラジ師の「マインドには多くのレベルがあり、それぞれがそれ自体の解釈を投影する」（『アイ・アム・ザット 私は在る』）という言葉を紹介しました。映画のスクリーンに映し出された画像のなかに実体は何もないように、各人の心に投影された世界のなかにも実体は何もありません。

鉄眼禅師は、①般若心経《はんにゃしんぎょう》の「五蘊《ごうん》みな空なりと照見すれば、一切の苦厄を度す」（照見《しょうけん》五蘊皆空《ごうんかいくう》　度一切苦厄《どいっさいくやく》）という言葉の意味は、五蘊（身心）はもともと空であり（実体がなく）、存在しないことを明らかに知って、その理を見きわめれば、生と死におけるすべての苦難・厄災《やくさい》を超越して、法身般若《ほっしんはんにゃ》の体（真我）にかなう、ということであること、②自分の身体はもともと幻であるので、その心も幻であり、その心が幻であるので、その煩悩もまた幻であること、宇宙に存在するものはすべて幻であることを、「鉄眼禅師仮字法語」（『鉄眼禅師仮字法語』）のなかで次のように説いています。最初の引用文中の「五蘊《ごうん》」は色・受・想・行・識の総称で、身心あるいは身心と外界を意味します。

◆①心經《しんぎやう》にいはく、五蘊《うん》みな空なりと照見すれば、一切の苦厄を度すと、この意《こゝろ》は、五蘊本より空にして、なきものなる事をさとりて、その理をあきらかにてらし見れば、

一切もろ〳〵の、生死《しやうじ》の苦患《くげん》厄難を度脱して、法身般若《ほつしんはんにや》の體《たい》にかなふといふ意なり。（九頁）

◆②我身本より幻なれば、その心もまた幻なり、その心すでに幻なれば、その煩悩もまた幻なり、（中略）一大法界のその中に、幻にあらざるものある事なし、（以下略）（二七頁）

井上禅師は、①五蘊（身心と外界）には実体がなく、空であること、②人も物も本当は存在しないことを、『井上義衍提唱 僧璨大師 信心銘』と『井上義衍提唱 良寛和尚 法華讃』のなかで次のように説いています。

◆①わたしどもの、この生活だって、自分の実体というものは、これですよ、といって、つかむようなものがないんです。そんなふうに、すべてが出来ているんです。わたしどもの今の様子、「心経」でいいますと、「五蘊皆空《ごおんかいくう》を照見《しようけん》して」とありましたね。もともと「五蘊皆空」なんです。（『井上義衍提唱 僧璨大師 信心銘』二四頁）

◆②人の存在も、ものの存在も本当はないのです。人の存在といい、ものの存在というておるものが、ただ因果の関係における因果の消息としての動きのみであるということです。（『井上義衍提唱 良寛和尚 法華讃』八六頁）

第八章で、臨済禅師の「わしから見ると、すべての存在は空相であって、因縁によって現れて有となり因縁によってまた無となる。三界は唯心の所現《しょげん》であり、万法は唯識の所造《しょぞう》であるからだ。だから古人もこんな夢幻空花にひとしいものを捉《とら》えようとあがきまわるなと言っている」（『臨済録』）という言葉を紹介しました。この言葉も、すべてのものが空であることを表しています。

マハラジ師は、①すべては心のなかの現れであり、本当は何も起こっていないし、何も存在しないこと、②身体とは莫大な数の感覚・知覚機能の統合であり、そのそれぞれも心理的状態にすぎないことを、『アイ・アム・ザット 私は在る』のなかで次のように説いています。

◆①私たちはマインドの限界内に在る。実際には、何も起こってはいないのだ。過去もなければ、未来もない。すべては現れであり、何も存在しないのだ。（四二三―四二四頁）

◆②すべてはマインドのなかに存在する。この身体でさえ莫大な数の知覚感覚の統合でしかなく、そのそれぞれもまた心理的状態にすぎないのだ。（一五三頁）

本書では、「心のなかに存在する」「夢の世界にいる私たち」などの表現を用いていますが、すべては心のなかの現れですので、真実の世界、夢の世界のどちらにも実体は何もありません。

井上禅師は、身心と世界の真のすがたについて『井上義衍提唱　良寛和尚　法華讃』『井上義衍提唱　僧璨大師　信心銘』および『井上義衍の　無門関　上』のなかで次のように説いています。最初の引用文中の「法界《ほっかい》」は、宇宙を意味します。五番目の引用文中の「境」は、認識作用の対象（色《しき》・声《しょう》・香《こう》・味《み》・触《そく》・法《ほう》）、すなわち外界（環境）を意味します。最後の引用文中の「六根」は、眼《げん》・耳《に》・鼻《び》・舌《ぜっ》・身《しん》・意《い》の六つの根（感官）の総称です。眼根・耳根・鼻根・舌根・身根はそれぞれ視覚、聴覚、嗅覚、味覚、触覚についての感覚能力と感覚器官を意味し、意根は知覚能力と知覚器官を意味します。眼根、耳根、鼻根、舌根、身根が感じたことを意根が知覚して、はじめて感覚として知覚したことになります。

◆①法界《ほっかい》全体をこのわたしどもの、この身心のうえに乗せておるのです。この身心のうえ以外に、何もほかに存在しておるのじゃないのです。（『井上義衍提唱　良寛和尚　法華讃』八二頁）

◆②この身心自体が、宇宙全体の中心をなしているのです、今。いいですか、各自そうですよ。ほかに中心をなすところはないのです。（『井上義衍提唱　良寛和尚　法華讃』五九頁）

◆③各自の全世界なんでしょう。あなたの世界を、私が生きておるんじゃないのです。

だれも、そうなんです。他人の世界で一つも生きられないのです。みんな、自分の世界以外に生きておる場所はないのです。（『井上義衍提唱 良寛和尚 法華讃』一五三頁）

◆④いつでも自分が、自分の世界で、自分で活動をしておる。（中略）こうやって話をしたってそうでしょう、わたしが話してるようなんだけれども、その実、なんにもわたしのことじゃないです。各自、人々分上の様子です。自分が出てしゃべっておる。自分が出て、それを聞いておる。（『井上義衍の 無門関 上』六二頁）

◆⑤この身心は、「境」と一緒になっています。（『井上義衍提唱 僧璨大師 信心銘』二二頁）

◆⑥環境にも、自分にも隔たりがないから、この身心のうえに、あらゆる事柄が、相即《そうそく》相入《そうにゅう》といいますか、この身心のうえに、現れては消え、消えては現れしながら、限りない活動を続けておる。（『井上義衍の 無門関 上』四七頁）

◆⑦目にしても、固定した何かがあるんじゃないんです。けれども、事実がちゃんと現われるように出来ておるんです。（『井上義衍提唱 僧璨大師 信心銘』二四頁）

◆⑧目でも、向こうのものを見るときに、その向こうのものがあるんです。それと比較しようと思って、こっちのものを見たときは、向こうのものはないんです。（『井上義衍提唱 僧璨大師 信心銘』二三頁）

◆⑨こっちだとか、向こうだとかいうことは、もともと存在しないんです。それが存在

するということは、人間の見解なんです。(『井上義衍提唱 僧璨大師 信心銘』二二頁)
◆⑩わたしどもの眼以外に、ものがあるのじゃないんです。(中略)六根挙げて、六根ともに、全部そういうふうに出来ているんでしょう。(『井上義衍提唱 良寛和尚 法華讃』七三頁)
これらの井上禅師の言葉をもとに想像力を働かせると、身心と世界の真のすがたをぼんやりとイメージできるかもしれません。

井上禅師は最初の引用文で、「法界《ほっかい》全体をこのわたしどもの、この身心のうえに乗せておるのです。この身心のうえ以外に、何もほかに存在しておるのじゃないのです」と説いています。この言葉は、宇宙全体が私たち各人の心のなかの現れであることを示しています。世界(宇宙)が心のなかの現れであることについては、第八章で、マハラジ師の「すべての時間と空間はマインドのなかにある。どこにマインドを超えた世界を位置づけるというのだろうか? マインドには多くのレベルがあり、それぞれがそれ自体の解釈を投影する。それでも、すべてはマインドのなかにあり、マインドによって創造されたものなのだ」(『アイ・アム・ザット 私は在る』)という言葉を紹介しました。

二番目の引用文のなかに、「この身心自体が、宇宙全体の中心をなしているのです、今」という言葉があります。先ほど紹介しましたように、マハラジ師は、「すべてはマインドのなかに存在する。この身体でさえ莫大な数の知覚感覚の統合でしかなく、そのそれぞれもまた心理的状態にすぎないのだ」と説いています。これら二つの言葉を考え合わせると、私たち各人の心の中心に感覚・知覚機能の統合（身体）があり、それが知覚する世界が心のスクリーン上に現れていることがわかります。

三番目の引用文に、「各自の全世界なんでしょう。あなたの世界を、私が生きておるんじゃないのです。だれも、そうなんです。他人の世界で一つも生きられないのです。みんな、自分の世界以外に生きておる場所はないのです」という言葉があります。この言葉は、私たちの誰もが自分の心のなかに現れた世界だけを知覚・認識していることを示しています。

四番目の引用文に、「いつでも自分が、自分の世界で、自分で活動をしておる。（中略）こうやって話をしたってそうでしょう、わたしが話してるようなんだけれども、その実、なんにもわたしのことじゃないです。各自、人々分上の様子です。自分が出てしゃべっておる。自分が出て、それを聞いておる」という言葉があります。この言葉は、私たち各人の心が真我の状態からの情報をもとに、自分の世界に現れるすべての登場人物をつくり出していることを示しています。第八章で、マハラジ師の「マインドは役者と舞台の両方だ。（中略）マインドは世界とその素晴らしい多様性のすべてを創造する。良い劇にはあらゆる類《たぐい》の登場人物や舞台設定があるように、あなたも世界をつくり出すのに、あらゆるものごとが少しずつ必要なのだ」(『アイ・アム・ザット 私は在る』)という言葉を紹介しました。この言葉は、私たち各人の心が舞台(世界)だけでなく、そこに現れるすべての登場人物をもつくり出すことを示しています。私たち各人の心は同一の源《みなもと》(真我の状態)からの情報をもとに、それぞれの世界と登場人物をつくり出しますので、各人が知覚する世界は互いに整合性のとれたものとなっています。

五番目と六番目の引用文に、「この身心は、『境』と一緒になっています」「環境にも、自分にも隔たりがないから」という言葉があります。これらの言葉は、すべてが一体であり、自他の二元性は存在しないことを示しています。

六番目の引用文のなかに、「この身心のうえに、あらゆる事柄が、相即相入《そうそくそうにゅう》といいますか、この身心のうえに、現れては消え、消えては現れしながら、限りない活動を続けておる」という言葉があります。この言葉は、無我の心に真実の世界が現れている様子を表しています。

七番目の引用文の「目にしても、固定した何かがあるんじゃないんです。けれども、事実がちゃんと現われるように出来ておるんです」という言葉は、本当は目という視覚器官が存在しているのではなく、ものが見えるという目の視覚機能があるだけであることを表しています。

八番目と最後の引用文に、「目でも、向こうのものを見るときに、その向こうのものがあるんです。それと比較しようと思って、こっちのものを見たときは、向こうのものはないんです」「わたしどもの眼以外に、ものがあるのじゃないんです」という言葉があります。これらの言葉は、私たちが目で見ている対象物は外界に実際に存在しているのではなく、目の視覚機能により、その姿が心のスクリーン上に現れているだけであること、そのため、対象物は見られているときにだけ存在し、目をそらすと、なくなってしまうことを示しています。

九番目の引用文のなかの「こっちだとか、向こうだとかいうことは、もともと存在しないんです」という言葉は、物と物との位置関係、すなわち空間が存在しないことを示しています。

最後の引用文に、「わたしどもの眼以外に、ものがあるのじゃないんです。(中略)六根挙げて、六根ともに、全部そういうふうに出来ているんでしょう」という言葉があります。この言葉は、外界の事物は、眼・耳・鼻・舌・身・意の感覚・知覚機能により知覚されているだけであり、本当は何も存在しないことを示しています。第八章で、マハラジ師の「あなたが身体のなかに生まれて、はじめて世界は存在を現す。身体がなければ、世界はない」（『アイ・アム・ザット 私は在る』）という言葉を紹介しました。この言葉は、身体、すなわち眼・耳・鼻・舌・身・意の感覚・知覚機能がなければ世界は存在しないことを示しています。

次に、井上禅師の言葉に関連する聖者の言葉を見ていきましょう。

マハルシ師は、井上禅師の八番目の引用文のなかの「目でも、向こうのものを見るときに、その向こうのものがあるんです」という言葉とほぼ同じことを、『あるがままに』のなかで次のように説いています。

◆見る者なしには見られるものも存在しない。（中略）創造は見る者のなかに含まれているからである。（三二二頁）

マハラジ師は、①井上禅師の二番目の引用文の「この身心自体が、宇宙全体の中心をなしているのです、今。いいですか、各自そうですよ。ほかに中心をなすところはないのです」という言葉とほぼ同じこと、②井上禅師の四番目の引用文の「いつでも自分が、自分の世界で、自分で活動をしておる。（中略）こうやって話をしたってそうでしょう、わたしが話してるようなんだけれども、その実、なんにもわたしのことじゃないです。各自、人々分上の様子です。自分が出てしゃべっておる。自分が出て、それを聞いておる」という言葉とほぼ同じこと、③井上禅師の九番目の引用文のなかの「こっちだとか、向こうだとかいうことは、もともと存在しないんです」という言葉とほぼ同じことを、『アイ・アム・ザット 私は在る』のなかで次のように説いています。

◆①あなたの個人的な宇宙の中心が、あなたなのだ。（一四四頁）

◆②すべてはひとりでに起こるのだ。あなたが質問をし、あなたが答えを供給している。そして質問するとき、あなたは答えを知っている。すべては意識のなかの戯《たわむ》れなのだ。すべての分割は幻想だ。（五六頁）

◆③空間と時間さえ想像のものだ。（三七二頁）

プンジャ師は、井上禅師の六番目の引用文のなかの「この身心のうえに、あらゆる事柄が、相即相入《そうそくそうにゅう》といいますか、この身心のうえに、現れては消え、消えては現れしながら、限りない活動を続けておる」という言葉とほぼ同じことを、『覚醒の炎』のなかで次のように説いています。文中の「スクリーン」は無我の心を意味します。

◆目覚めた夢見から真我の覚醒へと目覚めるとき、あなたは自分が名前も形もない場所にいることを見いだす。そしてあなたは、あなた自身がその上であらゆる一時的なイメージ、つまり名前や形が来ては去っていく不動の基盤であることを理解する。あなたは自分自身がその上にすべての名前や形が投影されるスクリーンであることを理解するのだ。（一九七頁）

第二章で紹介しましたように、「スッタニパータ」（『ブッダのことば』）は、世界は私たちがそれ（世界）を知覚するときに現れること（一六九）、世界は空であること（一一一九）、世間のすべてのものは夢・幻であること（九）、そして世界には何も存在しないこと（一〇七〇）を示しています。禅師と聖者の教えは、これらの釈尊の教えとほぼ同じです。

◎一六九　師は答えた、「雪山に住むものよ。六つのものがあるとき世界が生起し、六つのものに対して親しみ愛し、世界は六つのものに執著しており、世界は六つのものに悩まされている。」

◎一一一九　（ブッダが答えた）、／「つねによく気をつけ、自我に固執する見解をうち破って、世界を空《くう》なりと観ぜよ。そうすれば死を乗り超えることができるであろう。このように世界を観ずる人を、〈死の王〉は見ることがない。」

◎九　走っても疾過ぎることなく、また遅れることもなく、「世間における一切のものは虚妄《きよもう》である」と知っている修行者は、この世とかの世とをともに捨て去る。――蛇が脱皮して旧い皮を捨て去るようなものである。

◎一〇七〇　師（ブッダ）は言われた、「ウパシーヴァよ。よく気をつけて、無所有をめざしつつ、『何も存在しない』と思うことによって、煩悩《ぼんのう》の激流を渡れ。諸々の欲望を捨てて、諸々の疑惑を離れ、妄執の消滅を昼夜に観ぜよ。」

第三節　刹那生滅

私たちが認識しているこの世界（夢の世界）に時間があることは明らかですが、真実の世界にも時間はあるのでしょうか。禅師と聖者は、時間は夢の世界にしか存在しないと説いています。

井上禅師は、時間は人が何か基準を考えたときに生まれることを、『井上義衍提唱　良寛和尚　法華讃』のなかで次のように説いています。

◆時間というものは、どこかへ、人といい、ものの基準がちょっと立つと、そこから、時間というものは発生するんです。そういうものが一切なかったら、最初から、いきなり（見台を叩いて）、ズバッと、それで終わりです。（一三二頁）

マハルシ師は、時間は自我が現れたあとで生まれることを、『あるがままに』のなかで次のように説いています。

◆自我が現れたあとで、時間という概念が起こるのだ。（五九頁）

第二節で、マハラジ師の「空間と時間さえ想像のものだ」（『アイ・アム・ザット　私は在る』）という言葉を紹介しました。この言葉も時間が夢の世界にしか存在しないことを示しています。

時間が夢の世界にしか存在しないのであれば、真実の世界では事物や現象の現れ・変化・消滅は、どのように起こっているのでしょうか。禅師と聖者は、真実の世界では人も世界も瞬間瞬間に生じては滅し、生じては滅しながら相続していると説いています。これを刹那生滅《せつなしょうめつ》と言います。

道元禅師は、①人は瞬間瞬間に生じては滅し、生じては滅しながら相続していること、指を一回弾《はじ》く間に六十五の刹那生滅があると言われていること、凡夫は無明のために自分が刹那生滅していることを知らないこと、②仏法を知らず、仏法を信じない人は刹那生滅の道理を信じないが、如来《にょらい》の正法眼蔵涅槃妙心《しょうぼうげんぞうねはんみょうしん》を明らかにした人（悟りを開いた人）は、かならず刹那生滅の道理を信じることを、「正法眼蔵」（『正法眼蔵（四）』）のなかで次のように説いています。

◆①今生《こんじやう》の人身《にんじん》は、四大《だい》五蘊《うん》、因縁和合してかりになせり、八苦つねにあり。いはんや刹那刹那《せつなせつな》に生滅《しやうめつ》してさらにとゞまらず、いはんや一弾指《だんじ》のあひだに六十五の刹那生滅すといへども、みづからくらきによりて、いまだしらざるなり。（七〇頁）

◆②仏法をしらず、仏法を信ぜざるものは、刹那生滅の道理を信ぜざるなり。もし如来

の正法眼蔵涅槃妙心をあきらむるがごときは、かならずこの刹那生滅の道理を信ずるなり。（一八三頁）

原田禅師は、人は瞬間瞬間に生滅を繰り返していることを、『禅に生きる』のなかで次のように説いています。

◆そのようにクルクル早い回転で瞬間・瞬間に出ては消え、出ては消えしている様子が、人の生死《しょうじ》を繰り返している様子です。（一七四頁）

井上禅師は、①人は瞬間瞬間に生じては滅し、生じては滅していること、②すべてのものは瞬間瞬間に生じては滅し、生じては滅していることを、『井上義衍提唱 僧璨大師 信心銘』と『井上義衍の 無門関 下』のなかで次のように説いています。

◆①人の本当の在り方というものは、（手を叩いて）ポン。ここから始まり終わっているんです。私の手の音じゃないんです。あなたがたのところに、今、その動きがある。（『井上義衍提唱 僧璨大師 信心銘』一三頁）

◆②すべてのものは、そのときそのときに生じ、そのときそのときに滅するようにできておる。（『井上義衍の 無門関 下』二七頁）

マハラジ師は、瞬間瞬間の連続が時間という幻想をつくり出すことを、『アイ・アム・ザット 私は在る』のなかで次のように説いています。

◆はかない瞬間の連続が時間という幻想をつくり出すのだ。(四二七頁)

真実の世界ではすべての存在が刹那生滅していますが、夢の世界にいる私たちは、瞬間瞬間の現れを記憶でつないで認識するために、ものごとは時間の推移とともに連続して変化していると思っています。このような錯覚は、映画の映像が多数の静止画像からできているにもかかわらず、私たちには映像が連続して動いているように見えることと似ています。

第四節　行為

私たちは、自分の意志にもとづいて自分が行為をすると思っていますが、聖者と禅師は、行為はひとりでに起こり、行為者は存在しないと説いています。

マハルシ師は、①ジニャーニ(悟りを開いた人)は、いかなる量の行為でも見事にこなすが、行為者ではないこと、②アジニャーニ(凡夫)は行為者でないにもかかわらず、自分が行為をすると思っていることを、『あるがままに』のなかで次のように説いています。

◆①ジニャーニはいかなる量の行為でも見事にこなす。しかも行為に巻きこまれること

も、彼が行為者であると想像することもない。ある力が彼の身体を使い、彼の身体を通して仕事を成し遂げるのである。（七二頁）

◆②アジニャーニは行為者でないにもかかわらず、身体の行なう行為を自分がしていると考え、自分を行為者と見なす。（七二頁）

マハラジ師は、私たちは行為者でないにもかかわらず、自分が行為をすると思っていることを、『アイ・アム・ザット 私は在る』のなかで次のように説いています。

◆あなたが行為をしているというのだろうか？　ある未知なる力が行為をし、あなたはあなたが行為をしていると想像するのだ。（二五六頁）

盤珪禅師は、朝から晩まですべての行為が一念不生で（想念のない真我の状態のなかで）起こっているが、凡夫はその事実を知らずに、自分の思慮分別でおこなっていると錯覚していることを、「仏智弘済禅師法語」（『盤珪禅師語録』）のなかで次のように説いています。

◆惣て朝より暮に至るまで、一切の事、一念不生にて働けども、それをしらず、皆分別料簡にて働く事と思ふ、大いなる錯也。（一〇一頁）

井上禅師は、悟りを開いた人（智者）だけでなく凡夫（愚人）も行為者ではないことを、『井上義衍提唱 僧璨大師 信心銘』のなかで次のように説いています。

◆「**智者は無為なり**」知ってみますと、どうかしなければとか、こうせにゃならんとかなしに、活動できている自分なんです。それが自覚した人の様子です。それを知らん人は自分で、そんなことをいっても、というような考えを起こして、従来の自分にしがみついて放さない。「**愚人は自縛す**」だけども、その人は、自分で自分を縛っているように見えるんですけども、法自体は、自分自身を縛っている気がしているだけです。作用としての事実は、「**法に異法なし**」みんな「**無為**」なんです。みんな無為であり、無作の作用なんです。（三二頁）

第七章第二節で、道元禅師の『『著衣喫飯』は、法性三昧の著衣喫飯なり」（『正法眼蔵（三）』）という言葉、そして井上禅師の「この道から離れようというても離れられない。常に道の中にあって、そして『着衣喫飯《ちゃくえきっぱん》』そうでしょう。このいちいちの着物を着る、ご飯を食べる、活動をする、それがみんな道そのもの自体です」（『井上義衍の 無門関 中』）という言葉を紹介しました。これらの言葉も、私たちのすべての行為が、心の存在しない真我の状態のなかで起こっていることを示しています。

聖者と禅師は、行為はひとりでに起こり、行為者は存在しないと説いています。私たちの行為は今この瞬間に、すべてが渾然一体となっている真我の状態のなかで起こります。そこに時間、空間、身体、世界、出来事など、心に由来するものは何もありませんので、行為者も存在しません。真我の状態を反映した真実の世界では、身体（空）と外界（空）には隔たりがなく、両者は一体となって活動しています。そこに「私」という主体（自我）は存在しませんので、行為者も存在しません。このように、実在である真我の状態や真実の世界には行為者が存在しませんが、非実在である夢の世界では、私たちは自分が行為をする、すなわち自分は行為者であると思っています。なぜ私たちはこのような錯覚をしてしまうのでしょうか。

プンジャ師は、①凡夫の記憶は足跡（印象）を伴っていること、②記憶に足跡（印象）が残ると、欲望や恐れに動機づけられた行為が起こることを、『覚醒の炎』のなかで次のように説いています。

◆①あることは記憶に入りこみ、あることは記憶に入らない。記憶に入ったことは印象を残していく。これが私の語っていた足跡だ。（二六五頁）

◆②ひとたび記憶に足跡を残せば、あなたの行為は欲望と恐れに動機づけられてしまう。これらの足跡が過去の体験に基づいたあなたの行為を選択する。（一八七頁）

プンジャ師は二番目の引用文で、「ひとたび記憶に足跡を残せば、あなたの行為は欲望と恐れに動機づけられてしまう。これらの足跡が過去の体験に基づいたあなたの行為を選択する」と説いています。この言葉は、私たち各人の精神活動の記憶（足跡）に動機づけられた行為が、真我の状態のなかでひとりでに起こることを示しています。したがって、真実は、今この瞬間より時間が前（過去）の私たちの精神活動の記憶に動機づけられた行為が、今この瞬間に真我の状態のなかでひとりでに起こるために、私たちは自分の意志にもとづいて自分が行為をすると錯覚している、ということになります。

悟りを開いた人には心（自我の心）がありませんので、精神活動の記憶も存在しません。したがって、悟りを開いた人の場合には、精神活動の記憶に動機づけられることなく、状況に応じた最適な行為（以下、「無心の行為」といいます）が自然に起こります。

マハラジ師は、①悟りを開くと、ものごとは、自我の干渉なしに（精神活動の記憶に動機づけられることなく）、自発的に、自然に起こるようになること、②悟りを開いた人はあらゆる状況に適切に反応することを、『アイ・アム・ザット 私は在る』のなかで次のように説いています。

◆①ひとたびあなたが静かになれば、あなたからの干渉なしに、ものごとは自発的にまったく自然に起こりはじめる。（四〇頁）

◆②あらゆる状況への適切な反応、それが私の本質だ。何をするべきかと立ち止まって考えたりはしない。（一一〇頁）

プンジャ師は、心（自我の心）がなければ、仕事は非常に効果的になされることを、

『覚醒の炎』のなかで次のように説いています。

◆仕事や行為をするために心は必要ない。（中略）心が存在しなければ、仕事はとても効果的に為《な》される。（三二〇頁）

沢庵禅師は、心（自我の心）を捨て切らない行為はすべてよくないことを、「不動智神《ふどうちしん》妙録《みょうろく》」（『不動智神妙録・太阿記』）のなかで次のように説いています。

◆心を捨て切らない所作は、皆よくないのです。（八四頁）

郵 便 は が き

料金受取人払

諏訪支店承認

6

差出有効期間
平成 28 年 9 月
末日まで有効

3 9 2 - 8 7 9 0

〔受 取 人〕

長野県諏訪市四賀 229-1

鳥影社編集室

あなたと編集部を結ぶ愛読者係　行

ご住所　〒 □□□-□□□□	
お名前《ふりがな》	
電話番号　(　　　)　　　-	
ご職業・勤務先・学校名	
Eメールアドレス	
お買い上げになった書店名	

鳥影社愛読者カード

このカードは出版の参考にさせていただきますので、皆様のご意見・ご感想をお聞かせください。

書名	

① 本書を何でお知りになりましたか？

i．書店で
ii．広告で（　　　　　　　　　）
iii．書評で（　　　　　　　　　）
iv．人にすすめられて
v．DMで
vi．その他（　　　　　　　　　）

② 本書・著者へご意見、ご感想などをお聞かせ下さい。

③ 最近読んで、よかったと思う本を教えてください。

④ 現在、どんな作家に興味をおもちですか？

⑤ 現在、ご購読されている新聞・雑誌名

⑥ 今後、どのような本をお読みになりたいですか？

◇購入申込書◇

書名　　　　　　　　¥　　　　　（　　）部
書名　　　　　　　　¥　　　　　（　　）部
書名　　　　　　　　¥　　　　　（　　）部

第十章　夢の世界

自我の心には真実の世界が変容した夢の世界が現れています。自我の心は真我から分離していますので、自我の心と夢の世界は非実在です。私たちが普段「心」だと思っているもの（知性・感情・意志などの総体）は、自我の心です。

夢の世界では、真実の世界で多様化して現れたものが、個々に分離して、二元性の世界となっています。また、本来は空であるものが、すべて実体のあるものとして現れています。夢の世界には時間と空間があります。

凡夫は自分が真我であることを忘れて、この世界（夢の世界）で個人として欲望と恐れの人生を生き、種々の苦痛と快楽を体験している夢を見ています。

第一節　すべては夢

「スッタニパータ」（『ブッダのことば』）のなかには、次に示すように、この世界は無明で覆われた、欲望と苦悩の世界（夢の世界）である、と説いている詩句があります。

◎一〇三三　師（ブッダ）が答えた、／「アジタよ。世間は無明《むみよう》によって覆われている。世間は貪《むさぼ》りと怠惰《たいだ》のゆえに輝かない。欲心が世間の汚れである。苦悩が世間の大きな恐怖である、とわたしは説く。」

私たちは、今自分が住んでいるこの世界は実在であると思っていますが、禅師と聖者はこの世界は夢であると説いています。

沢庵禅師は、この世ははかない夢であること、この世で財や宝を貯めて喜んでいても、夢のなかの喜びにすぎないこと、私たちが夢から覚めた（悟りを開いた）ときに、はじめてすべてが夢であったことがわかることを、「東海夜話《とうかいやわ》」（『東海夜話』）のなかで次のように説いています。

◆此世は夢なり、久しかるべからず、財寶多くあつめ持ちて悦ぶと雖も、一枕《いっちん》の夢に金を得て實の金と思ひ、悦ふこと限りなけれども、覺る時金にあらざるが如し。夢の

中にこれは夢なりと知らぬもの也。覺めて後こそ夢とは知れ。（三頁）

鉄眼禅師は、本来の面目（真我）である私たちが無明の眠りのためにさまざまな夢を見ることを、「鉄眼禅師仮字法語」（『鉄眼禅師仮字法語』）のなかで次のように説いています。

◆此本來の面目に無明のねぶり着たる處を、根本無明といふ、これまよひのはじめなり、此根本無明のねぶり着し故に、さまぐ〱の夢を見る、（以下略）（三三頁）

第五章第一節で、鉄眼禅師の「生ずると見、死すると見る、これをまよひの夢となづく」（『鉄眼禅師仮字法語』）という言葉を紹介しました。この言葉も、この世界が夢であることを示しています。

井上禅師は、私たちの日常生活、世界などすべてが夢であることを、『井上義衍の無門関中』のなかで次のように説いています。

◆わたしどもの日常の様子を見ても、確かに夢物語です、すべて。（中略）夢の世のほかに、自分たちの世界というものはない。（二八頁）

原田禅師は、釈尊の悟りとは長い夢からの目覚めであることを、『無舌人の法話 色即是空』のなかで次のように説いています。

◆いったいお釈迦様は何を悟られたのか。実は、長い間夢を見ていたことに気づかれた。（一五頁）

第一章で、ゴータマ・ブッダのブッダ（仏陀）は目覚めた人（悟りを開いた人）を意味することを述べました。ゴータマ・シッダッタは長い夢から覚めて、ブッダになったのです。

マハルシ師は、眠っているときに見る夢だけでなく、起きているときに見る世界も心（自我の心）がつくり出した夢であることを、『あるがままに』のなかで次のように説いています。

◆夢は短く目覚めは長いということを除けば、夢見と目覚めの状態には何の違いもない。どちらも心の生みだしたものだ。（二八―二九頁）

第八章で、マハラジ師の「私の世界は真実だ。あなたの世界は夢でできているのだ」（『アイ・アム・ザット 私は在る』）という言葉を紹介しました。この言葉もこの世界が夢であることを示しています。

プンジャ師は、①心が迷って、「私は身体だ」と思うと、世界が実在（実体のあるもの）として現れること、②すべてが夢であることを知ると、この世界は消滅することを、『覚醒の炎』のなかで次のように説いています。

◆①「私は身体だ」という概念があなたの想念と行為の基盤となるとともに世界は現れ、世界が存在する間は、それがあなたにとっての実在となる。（二五九頁）

◆②ひとたびあなたが現在の状態、あなたが現実と呼ぶこの世界はただの神話、作り話でしかないことを知れば、それはあたかもけっして存在しなかったように消え去るのだ。（三四八頁）

プンジャ師は最初の引用文で、「『私は身体だ』という概念があなたの想念と行為の基盤となるとともに世界は現れ、世界が存在する間は、それがあなたにとっての実在となる」と説いています。この言葉は、心が迷って、「私は身体だ」と思うと、本来は空である世界が実体のある現実世界（夢の世界）として現れることを示しています。

二番目の引用文に、「ひとたびあなたが現在の状態、あなたが現実と呼ぶこの世界はただの神話、作り話でしかないことを知れば、それはあたかもけっして存在しなかったように消え去るのだ」という言葉があります。この言葉は、私たちが悟りを開くと、この世界（夢の世界）は消滅することを表しています。

第五章第一節で私は、「本書では『妄想』は、すべて凡夫の心の働き（精神活動）により生じた一切の想念を意味すると解釈します。凡夫の想念がすべて妄想《もうぞう》（正しくない想念）である理由については、第十章第一節で考察します」と述べました。私たちが住んでいるこの世界は本来存在しない夢・幻の世界ですので、悟りを開いた人から見ると、そこで私たちが思考することはすべて妄想《もうぞう》（正しくない想念）であることになります。

プンジャ師は、私たちが夢の世界で見るものはすべて心（自我の心）がつくり出したものであり、心（自我の心）はつねに過去のなかにあることを、『覚醒の炎』のなかで次のように説いています。

◆感覚はいつも過去の出来事にしがみついている。心はその感覚を通してあなたを過去へと連れ戻す。あなたが見るものはすべて心の創造物であり、心は常に過去の中にある。（三三四頁）

第三節で紹介しますが、マハラジ師は、「マインドが貯蔵庫から記憶を引き出し、想像しはじめると、それは空間を対象物で、時間を出来事で埋めつくしてしまう」と、『アイ・アム・ザット 私は在る』のなかで説いています。この言葉も、私たちが認識するものはすべて心（自我の心）がつくり出したものであり、心（自我の心）はつねに過去の記憶に関係していることを示しています。

私たちは誰でも自分はつねに「今」を生きていると思っていますが、今この瞬間（真我の状態）には心が存在しませんので、心を働かせながら今この瞬間を生きることはできません。私たちは日常生活のなかで、今この瞬間より時間が前（過去）のこと、あるいは後（未来）のことについて、いつも何かを思い、考えながら行動しています。そして私たちが未来のことを考えるときは、つねに今この瞬間より時間が前（過去）の記憶がその土台となっています。したがって、私たちが心を働かせているときは、私たちは今この瞬間（真我の状態）を生きているのではなく、今この瞬間より時間が前（過去）の記憶と想像で覆われた非実在の世界（夢の世界）を生きていることになります。

夢の世界では本来は空であるものがすべて実体のあるものとして現れていますので、私たちはこの世界が実在であると固く信じています。

第二節　苦楽の人生

私たちはこの世界（夢の世界）で妄想分別しているために、さまざまな煩悩をかかえています。禅師と聖者は、私たちが住んでいるこの世界は苦しみに満ちていると説いています。

鉄眼禅師は、①生老病死《しょうろうびょうし》はいずれも苦であること、男性にも苦があれば、女性にも苦が多いこと、そのなかで苦の程度が軽く身心の休まるときを凡夫は楽と勘違いしていること、②凡夫はその習性のために苦楽の世界から逃れることができないこと、その理由は、逢《あ》うことを喜べば、別れはつらくなり、繁栄を楽しむ人は、衰退のとき苦しむことを、

「鉄眼禅師仮字法語」（『鉄眼禅師仮字法語』）のなかで次のように説いています。

◆①生ずるを生苦《しやうく》となづけ、年よるを老苦といふ、やまひは病苦にして、死するは死苦なり、男子《なんし》にも苦あれば、女人《にょにん》にも苦おほし、（中略）その中に、すこしくるしみのかろくしてやすめるを、まよひて樂とおもへるなり。（一六頁）

◆②三界流浪《さんがいるらう》の、凡夫のならひは、すべてこの苦樂の間をのがるゝ事あたはず、そのゆゑは、（中略）逢事《あふこと》をよろこべばわかれはかへつてうれひなり、さかえたるをたのしむ人は、おとろふる時またくるしむ、（以下略）（一五―一六頁）

鉄眼禅師は最初の引用文のなかで、「その中に、すこしくるしみのかろくしてやすめるを、まよひて樂とおもへるなり」と説いています。この言葉は、この世界で私たちが体験する楽が真の楽（至福）ではないことを示しています。

二番目の引用文に、「三界流浪《さんがいるらう》の、凡夫のならひは、すべてこの苦樂の間をのがるゝ事あたはず、そのゆゑは、（中略）逢事《あふこと》をよろこべばわかれはかへつてうれひなり、さかえたるをたのしむ人は、おとろふる時またくるしむ」という言葉があります。この言葉は、私たちがこの諸行無常の世界で楽を喜んでいる間は、苦楽の二元性から逃れることができないことを示しています。

井上禅師は、私たちが無明で覆われた苦しみの社会にいることを、『井上義衍提唱　良寛

和尚 法華讃』のなかで次のように説いています。

◆わたしどものこの人生といわれるものは、「無明」で覆われておるのですね。人の迷いとしてのものに覆われて苦しんでおる。その苦しみの社会なのです。（八一頁）

マハラジ師は、苦しみに満ちたこの世界に生まれることが災いであることを、『アイ・アム・ザット 私は在る』のなかで次のように説いています。

◆ひとたびあなたが世界は苦しみで満ち、生まれてくること自体が災いだという真実を把握すれば、それを超えていこうとする衝動とエネルギーを見いだすだろう。（三二五頁）

第二章で紹介しましたように、「スッタニパータ」（『ブッダのことば』）は、この世界には多くの苦しみがあること（七二八）、そして身体が滅びた後、多くの苦しみのあるこの世界に再び身体が生じない（生を享《う》けない）ことが安楽であること（七六一）を示しています。禅師と聖者の教えは、この釈尊の教えとほぼ同じです。

◎ 七二八　世間には種々なる苦しみがあるが、それらは生存の素因にもとづいて生起する。実に愚者は知らないで生存の素因をつくり、くり返し苦しみを受ける。それ故に、知り明らめて、苦しみの生ずる原因を観察し、再生の素因をつくるな。

◎　七六一　自己の身体（＝個体）を断滅することが「安楽」である、と諸々の聖者は見る。（正しく）見る人々のこの（考え）は、一切の世間の人々と正反対である。

第三節　自我

第五章第二節で、真我である私たちが個人としてこの夢の世界に生まれた目的は、凡夫として種々の苦痛と快楽を体験した後に悟りを開いて真我に目覚め、その本性である愛（慈悲）を行為のなかで表現することである、というマハラジ師の教えを紹介しました。この目的を実行するためには、まずその舞台となる二元性の世界と、その舞台の上で主役を務める「私」という主体が必要です。そこで自我は、主体・客体、善・悪、苦・楽などの二元性が存在する夢の世界の舞台づくりと、その舞台の上で種々の精神活動をおこなう「私」という主体（主役）の両方を担当するために、私たちの心のなかに現れ、自我の心を形成したのであろうと考えられます。

マハラジ師は、心（自我の心）が夢の世界（舞台）をつくり出し、その後で「私」という主体（自我）が過去や未来について心配することを、『アイ・アム・ザット 私は在る』のなかで次のように説いています。

◆マインドが貯蔵庫から記憶を引き出し、想像しはじめると、それは空間を対象物で、時間を出来事で埋めつくしてしまう。（中略）そうして時間をつくり出しておいてから、過去や未来について心配するのだ。（二八一頁）

第八章で、マハルシ師の「自我とはあなたが尋ねている世界や、植物や、樹木として現れた想念の総体なのである」「自我が心を支配するとき、それは理性、思考あるいは感覚機能として働く」（『あるがままに』）という言葉を紹介しました。これらの言葉も、自我の心が夢の世界（舞台）をつくり出し、そこで「私」という主体（自我）が種々の精神活動をおこなうことを示しています。

マハルシ師は、①思考、期待、欲望はすべて自我の働きであること、②苦しみと喜びは自我にとってしか存在しないことを、『あるがままに』のなかで次のように説いています。

◆①「私はまだ見ていない」という考え、見たいという期待、何かを得ようとする欲望はすべて自我の作用である。あなたは自我の罠に陥っている。これらのことはあなたではなく、すべて自我が言っているのである。（一二二頁）

◆②苦しみもまた想像されたものである。苦しみと喜びは自我にとってしか存在しな

い。（四六―四七頁）

原田禅師は、①人が悩み、苦しみ、安心するのは、自我の働きによること、②迷い、苦しみ、不安などは本来存在しないこと、③「私」という主体（自我）は存在しないことを、『自我の本質』と『禅に生きる』のなかで次のように説いています。

◆①人はどうして悩んだり、苦しんだり、安心をしたり、悟りを求めたりするのでしょうか。それは、みんな「我」というものの働きであり、それを認めることを「我見」といいます。（『自我の本質』一三三頁）

◆②順境・逆境や、苦・楽についてもまったく同じことで、みんな距離のないひとつのものです。したがって、迷いとか、苦しみとか、不安というのは、認めようがありません。人の考えで、そういうものが「有る」とか「無い」というものではないのです。（『自我の本質』六九頁）

◆③人は、眼・耳・鼻・舌・身・意という六根の働きから成り立っているだけなので、「私は本当に見た」とか「私は本当に聞いた」という「私」というものは存在しません。（『禅に生きる』六三頁）

原田禅師は二番目の引用文のなかで、「順境・逆境や、苦・楽についてもまったく同じことで、みんな距離のないひとつのものです」と説いています。この言葉は、真実の世界では多様化していてもすべては一つですので、そのなかに順境・逆境や苦・楽のような二元性は存在しないことを表しています。夢の世界にいる私たちは苦・楽や幸・不幸を体験しますが、それらはすべて自我による妄想であるということです。

井上禅師は、「私」という主体（自我）が存在しないことを、『禅――もう迷うことはない！』のなかで次のように説いています。

◆我は無いのです。それじゃ我が無いといったって、こういうような働きをしている今の私をおいて、このもの（身）を私でないというのではないのです。こういう道具立てとしてのもの自体に「俺がッ」という観念的に要求しているような中心が、この中に存在しているのではないんだという事です。（九〇頁）

第五章第一節で、黄檗禅師の「故に知んぬ、此身我無く、亦主も無きことを。（中略）故に知んぬ、此心我無く、亦主も無きことを」（『黄檗山断際禅師 伝心法要』）という言葉、そしてマハルシ師の「自我というものはまったく存在しない」（『あるがままに』）という言葉を紹介しました。これらの言葉も自我が存在しないことを示しています。

聖者と禅師は、欲望、期待、苦しみ、不安、思考などの精神活動はすべて自我の働きであると説いていますが、その一方で、自我は存在しないと説いています。これらの関係を整理すると次のようになります。

・真我の状態を反映した真実の世界では、身体（空）と外界（空）には隔たりがなく、両者は一体となって活動している。そこに「私」という主体（自我）は存在しない。

・心が迷って、「私は身体だ」と思うと、自我、自我の心および夢の世界が現れる。夢の世界で「私」という主体（自我）が、私は嬉しい、私は苦しいなどと思う。

・悟りを開くと自我、自我の心および夢の世界が消滅する。悟りを開いた人は自分が真我であることを自覚するとともに真実の世界を認識し、本来存在しない夢の世界で、本来存在しない「私」という主体（自我）が喜び、苦しんでいたことを知る。

第十一章　輪廻転生

私たちは身体が滅びると、来世に別の人に生まれ変わって新しい人生を送ります。この生死の繰り返しを輪廻転生と言います。また、私たちは自分がおこなった身体的行為・言語表現・精神活動にふさわしい苦楽の報いを未来（現世・来世）に受けます。これを因果応報と言います。

第一節　輪廻転生

第四章で紹介しましたが、「輪廻《りんね》」は、『広辞苑』では、「〔仏〕車輪が回転してきわまりないように、衆生《しゅじょう》が三界六道に迷いの生死を重ねてとどまることのないこと。迷いの世界を生きかわり死にかわること」などとなっており、『岩波仏教辞典』では、「『さまざまな（生存の）状態をさまよう』ことを意味し、生ある者が生死を繰り返すことを指す」「インドでは業《ごう》思想と結びついて倫理観が深められ、輪廻の状態を脱することが解脱《げだつ》・涅槃《ねはん》であり、インドの諸宗教に共通する目的となっている」などとなっています。

禅師と聖者は、凡夫は無明のために輪廻転生するが、悟りを開くと、輪廻転生から解放されると説いています。輪廻転生は凡夫の夢のなかにしか存在しませんので、実在ではありません。

臨済禅師は、すべての仏や祖師が凡夫としてこの世界（夢の世界）に生まれた目的は、法（真我）を求めて得る（悟りを開く）ことであったこと、修行者も法（真我）を求めていること、法（真我）を得ることができれば、それで目的達成となるが、できなければ、これまでと同様に輪廻転生することを、「臨済録」（『臨済録』）のなかで次のように説いています。

◆三世十方の仏や祖師が世に出られたのも、ただ法を求めるためであった。現代のお前たちも、また法を求めているのだ。法が得られればいいのだ。それができないと今まで通り五道の輪廻を繰返す。（七六―七七頁）

道元禅師は、人はかぎりなく長い間に何度も輪廻転生してきたこと、その原因は世俗のことへの執着であることを、「正法眼蔵随聞記《しょうぼうげんぞうずいもんき》」（『正法眼蔵随聞記』）のなかで次のように説いています。

◆万劫千生《まんごふせんしやう》、幾回か生《しやう》じ幾度《いくたび》か死せん。皆な是れ世縁妄執《せえんまうしふ》の故へなり。（三三頁）

沢庵禅師は、執着により輪廻転生が起こることを、「不動智神妙録」（『不動智神妙録・太阿記』）のなかで次のように説いています。

◆何事をするにもしようと思うと、そのすることに心が止まります。（中略）この止まる心から執着心が起こり、迷いの世界に輪廻《りんね》するのもこれから始まり、この止まる心が生死の絆《きずな》となるのです。（八〇頁）

盤珪禅師は、すべての迷妄は想念を用いることにより生じ、輪廻転生もそこから起こること、つねに無心の状態に在ると（悟りを開くと）、迷妄がないので、因果も消え、輪廻転生が消滅することを、「仏智弘済禅師法語」（『盤珪禅師語録』）のなかで次のように説いています。

◆一切の惑は念を用る故に、輪廻顛倒す。（中略）念をはなれば惑ひなき故に、因果なし、因果なき故に、輪廻なし。（一一二頁）

鉄眼禅師は、凡夫は自分の心に起こる想念が夢であることを知らないために、かぎりなく遠い昔からこれまで何度も輪廻転生してきたことを、「鉄眼禅師仮字法語」（『鉄眼禅師仮字法語』）のなかで次のように説いています。
◆この妄想を夢ぞとしらざる故に、無始久遠《むしくをん》のいにしへより、今生今日にいたるまで、その輪廻《りんゑ》たえずして、（以下略）（二九頁）
井上禅師は、自我に執着することにより輪廻転生が起こることを、『禅――もう迷うことはない！』のなかで次のように説いています。
◆ありもせぬ自我を認めて、そしてそれにくっついて、そして離れる事を知らないから「六道輪廻《ろくどうりんね》」をする、迷いという事が起きるのはそこから始まる。（四六頁）
マハルシ師は、①凡夫は輪廻転生するが、悟りを開くと輪廻転生から解放されて、不生不滅の実在（真我）のなかだけにとどまること、②輪廻転生は非実在であることを、『あるがままに』のなかで次のように説いています。
◆①真我を忘れはてた者たちは、生まれては死に、死んでは再び生まれることだろう。だが、至高の実在を実現して心が死にはてた者は、生死を超えた実在のなかだけにとどまる。（三三六―三三七頁）
◆②無知が存在するかぎり、輪廻転生は存在する。本当は、輪廻転生などまったく存在しない。いまも、いままでも、そしてこれからも。これが真理である。（三三六頁）
禅師と聖者は、凡夫はこれまで何度も輪廻転生してきたと説いていますが、輪廻転生はいったい何のために存在しているのでしょうか。第五章第二節で紹介しましたように、井上禅師とプンジャ師は最終的にはすべての人が悟りを開くと説いています。私たちは一つの人生で悟りを開くことはできませんので、悟りを開くためには、いくつもの人生が必要です。したがって、輪廻転生は、私たちが悟りを開くために必要な人生を、必要なだけ供給するための仕組みとして機能していると考えられます。私たちが悟りを開くと、輪廻転生はその役割を終えて消滅します。

第二章で紹介しましたように、「スッタニパータ」(『ブッダのことば』)の詩句七三〇は、凡夫は無明のために永いあいだ輪廻転生してきたが、悟りを開くと輪廻転生から解放されることを示しています。禅師と聖者の教えは、この釈尊の教えとほぼ同じです。

◎ 七三〇 この無明とは大いなる迷いであり、それによって永いあいだこのように輪廻してきた。しかし明知に達した生けるものどもは、再び迷いの生存に戻ることがない。

第二節　因果応報

輪廻転生において人は、どのような運命を背負ってこの世界に生まれてくるのでしょうか。それに関係する法則が、因果応報《いんがおうほう》です。

「因果応報《いんがおうほう》」は、『広辞苑』では、「〔仏〕過去における善悪の業《ごう》に応じて現在における幸不幸の果報を生じ、現在の業に応じて未来の果報を生ずること」となっており、『岩波仏教辞典』では、「すべての行為（業《ごう》）には必ず結果がこたえ報いるということ。原則は、〈善因楽果・悪因苦果〉であるが、一般には、悪因苦果に関して語られることが多い。結果（果報）そのものの性質は苦楽で、また善とも悪ともいえない行為の結果は不苦不楽とされる。一方、原因となる行為は、伝統的に身体・言語・思考による身口意《しんくい》の三業《さんごう》に分類される。また、結果が生じる時期については現世・次世、あるいは第三世以降という三時業の説が広まった」などとなっています。

沢庵禅師は、①業には善業《ぜんごう》と悪業《あくごう》があること、身口意（身体的行為・言語表現・精神活動）の三業のなかで大本《おおもと》のものは意（精神活動）であること、②因果応報は前世・現世・来世にわたっており、それから逃れることができないことを、「東海夜話」（『東海夜話』）と「玲瓏集《れいろうしゅう》」（『不動智神妙録・太阿記』）のなかで次のように説いています。

◆①業《がう》とは萬の人のなすわざ也。其業に善悪《ぜんあく》あり、善をば善業《ぜんがう》と云ひ、悪をば悪業《あくがう》と云ふ。（中略）身になすをは身業、口になすをば口業、意になすをば意業と云ふ也。身口の二も、意を離れてわざをなさぬなれば、つまる處は意業也。（『東海夜話』一―二頁）

◆②現在の因が現在の果となり、過去の因が現在の果となり、さらに現在の因が未来の果となるというように、前世、後世にわたって、遅かれ早かれ、のがれることはできない。（『不動智神妙録・太阿記』一五二頁）

沢庵禅師は最初の引用文のなかで、「身になすをは身業、口になすをば口業、意になすをば意業と云ふ也。身口の二も、意を離れてわざをなさぬなれば、つまる處は意業也」と説いています。この言葉は、苦楽の報い（果報）の因としては、身体的行為と言語表現の大本である精神活動（何を思い、考えるか）が最も重要であることを示しています。

道元禅師は、善悪の業の報いを受ける時期には、「順現法受《じゅんげんほうじゅ》」（現世でつくった業の報いを現世に受けること）、「順次生受《じゅんじしょうじゅ》」（現世でつくった業の報いを次世に受けること）、「順《じゅん》後次受《ごじじゅ》」（現世でつくった業の報いを第三世以降に受けること）の三つ（三時業《さんじごう》）があること、仏道を修習する際には、最初からこの三時業の道理を学んで明らかにしておかないと、多くの人が邪見（因果の道理を無視する誤った見解）に陥《おちい》ることを、「正法眼蔵」（『正法眼蔵（四）』）のなかで次のように説いています。

◆いはゆる「善悪之報有三時焉」といふは、／三時、／一者順現法受《ひとつにはじゅんげんほふじゅ》。二者順次生受《ふたつにはじゅんじしやうじゅ》。三者順後次受《みつにはじゅんごじじゅ》。／これを三時といふ。／仏祖の道《だう》を修習するには、その最初より、この三時の業報《ごつぽう》の理をならひあきらむるなり。しかあらざれば、おほくあやまりて邪見に堕するなり。（三〇一―三〇二頁）

盤珪禅師は、想念がある間（凡夫である間）は、善業をなせば楽の報いがあり、悪業をなせば苦の報いがあることを、「仏智弘済禅師法語」（『盤珪禅師語録』）のなかで次のように説いています。

◆念ある内は善を修すれば、善の因果あり、悪をなせば悪の因果あり。（一一二頁）

禅師は善因楽果・悪因苦果の因果応報があると説いていますが、私たちは何を基準にして善・悪を判断すればいいのでしょうか。私たちがこの世界に生まれた目的は、悟りを開いて真我に目覚め、その本性である愛（慈悲）を行為のなかで表現することです。したがって、愛（慈悲）の心にもとづく身体的行為・言語表現・精神活動が善であり、その反対の利己的、身勝手、無慈悲な心にもとづく身体的行為・言語表現・精神活動が悪であろうと考えられます。

マハルシ師は、カルマの報い（因果応報）は私たちを霊的に進化させるために存在することを、『あるがままに』のなかで次のように説いています。文中の「イーシュワラ」はヒンドゥー教の至高の人格神のことですが、マハルシ師は、人格神は夢のなかにしか存在しない（非実在である）と説いています。

◆カルマの報いを操っているのは神だが、彼はそれにつけ加えたり、それから取り去ったりするのではない。人間の無意識層は善業と悪業の倉庫である。イーシュワラはこの倉庫から、それが喜ばしいものであれ、苦しみに満ちたものであれ、それぞれの人にとって、その時どきの霊的進化のために最もふさわしいものを選択するのである。それゆえ、何ひとつ任意のものはない。（三八一頁）

輪廻転生は、私たちが悟りを開くために必要な人生を必要なだけ供給するための仕組みとして機能していると考えられますが、因果応報は何のために存在しているのでしょうか。おそらく因果応報は、私たちの煩悩にまみれた心を浄化し、悟りへ導くための仕組みとして機能しているのであろうと考えられます。

第二章で紹介しましたように、「スッタニパータ」（『ブッダのことば』）の詩句六六六は、人は誰でも自分がおこなった身体的行為・言語表現・精神活動（身口意の三業）にふさわしい果報（苦楽の報い）をかならず受けることを示しています。禅師と聖者の教えは、この釈尊の教えとほぼ同じです。

◎

六六六　けだし何者《なにもの》の業も滅びることはない。それは必ずもどってきて、（業をつくった）主がそれを受ける。愚者は罪を犯《おか》して、来世にあってはその身に苦しみを受ける。

第十二章　真理

第二章で紹介しましたように、「スッタニパータ」（『ブッダのことば』）の詩句八八四は、真理が一つしかないことを示しています。この場合の真理とは、いったい何を指しているのでしょうか。

◎　八八四　真理は一つであって、第二のものは存在しない。その（真理）を知った人は、争うことがない。かれらはめいめい異った真理をほめたたえている。それ故に諸々の〈道の人〉は同一の事を語らないのである。

マハルシ師は、真理は一つであり、それが真我であることを、『あるがままに』のなかで次のように説いています。

◆真理はひとつであり、それが真我である。他のすべては真我のなかで、真我に属し、

真我によって起こる単なる現象にすぎない。（二九四頁）

黄檗禅師は、十八界（認識を成り立たせている六根・六境・六識）は空であるので、すべてが空であること、ただ本心（真我）のみが存在し、広々として清浄であることを、「伝心法要」（『黄檗山断際禅師 伝心法要』）のなかで次のように説いています。

◆十八界既に空なれば、一切皆空なり。唯、本心のみ有りて、蕩然として清浄なり。（一九頁）

第五章第一節で、道元禅師の「仏性かならず悉有なり、悉有は仏性なるがゆゑに」「衆生の内外《ないげ》すなはち仏性の悉有なり」「尽界はすべて客塵《かくぢん》なし、直下《ちよくか》さらに第二人あらず」（『正法眼蔵（一）』）という言葉、そしてプンジャ師の「すべてがあなた自身の真我であるとき、あなたから離れて存在するものは何もない」（『覚醒の炎』）という言葉を紹介しました。

これらの聖者と禅師の言葉から、「スッタニパータ」の詩句八八四の真理とは、「ただ真我だけが存在する」であろうと考えられます。

第十三章　悟りの境地

悟りを開くと、自我、自我の心および夢の世界が消滅します。悟りを開いた人は自分が真我の状態のなかに、ただ在ることをまず自覚し、その後、心が働いたときに、無我の心に現れた真実の世界を認識して、すべての真相を理解します。悟りを開いた人は一切の苦や煩悩などから解放され、つねに不滅・平安・自由・無心の境地に在ります。

第一節　悟りの体験

人は悟りを開いたときに、どのような体験をするのでしょうか。

道元禅師は、人が迷妄の殻《から》を脱ぐ（悟りを開く）と、それまでの知識や理解は重要性を失い、かぎりなく遠い昔から明らかでなかった真実がすぐに目の前に現れること、そのときの永遠の今（真我の状態）は、道元自身も知覚せず、誰も認識せず、修行者（汝《なんじ》）も予期せず、仏の眼でさえも窺《うかが》うことができないこと、永遠の今（真我の状態）を人間の思慮で推測することはできないことを、「正法眼蔵」（『正法眼蔵（二）』）のなかで次のように説いています。

◆各々の脱殻《だつかく》うるに、従来の知見解会《ちけんげゑ》に拘牽《くけん》せられず、曠劫未明《くわうごふみめい》の事《じ》、たちまちに現前す。恁麼時《いんもじ》の而今《しきん》は、吾《われ》も不知《ふち》なり、誰《たれ》も不識《ふしき》なり、汝《なんぢ》も不期《ふご》なり、仏眼《ぶつげん》も覷不見《しょふけん》なり。人慮《にんりょ》あに測度《しきたく》せんや。（一〇七頁）

道元禅師は引用文のなかで、「各々の脱殻《だつかく》うるに、従来の知見解会《ちけんげゑ》に拘牽《くけん》せられず、曠《くわう》劫未明《ごふみめい》の事《じ》、たちまちに現前す」と説いています。この言葉は、悟りを開くと、無我の心に現れた真実の世界を認識できるようになることを示しています。その後の「恁麼時《いんもじ》の而《し》今《きん》は、吾《われ》も不知《ふち》なり、誰《たれ》も不識《ふしき》なり、汝《なんぢ》も不期《ふご》なり、仏眼《ぶつげん》も覷不見《しょふけん》なり。人慮《にんりょ》あに測度《しきたく》せんや」という言葉は、心を働かせずに永遠の今（真我の状態のなか）にただ在るときは、何も認識できないことを示しています。

原田禅師は、悟りを開いた瞬間には何も認識できないことを、『無舌人の法話 色即是空』のなかで次のように説いています。

◆大悟をした瞬間というのは、すべてがなくなります。過去も現在も未来もありません。わかったことさえもありません。「大悟した、悟を得た」などということは、硯滴もありません。（一三三頁）

原田禅師は引用文のなかで、「大悟をした瞬間というのは、すべてがなくなります。過去も現在も未来もありません。わかったことさえもありません」と説いています。この言葉は、悟りを開くと、夢の世界が消滅して、すべてが渾然一体となっている真我の状態のなかに、ただ在る自分をまず自覚することを示しています。悟りを開くと夢の世界が消滅することについては、第十章第一節で、プンジャ師の「ひとたびあなたが現在の状態、あなたが現実と呼ぶこの世界はただの神話、作り話でしかないことを知れば、それはあたかもけっして存在しなかったように消え去るのだ」（『覚醒の炎』）という言葉を紹介しました。また、真我の状態ではすべてが渾然一体となっていて、何も認識できないことについては、第七章第一節で、原田禅師の『『わかる』ということは、隔てができるから見えるんです。見えないということは、ものとひとつになっているから見えないんです。そのものとひとつになっている状態を、『法』と説明したわけです」（『自我の本質』）という言葉を紹介しました。

井上禅師は、釈尊が瞑想《めいそう》中に悟りを開いたときの様子を、『禅——もう迷うことはない！』のなかで次のように説いています。

◆そのまんま、どういう事なしにやっておったら、ついに落ちたんです。そして人間の考えというものがすべて離れてしまって、自分の周囲もへちまもない、自分もものも居ないようになるほど皆落ちてしまったんです。（中略）そしてそういうような真ただ中に脱落《おち》られて、その脱落《おち》た世界とは何かと言ったら、人の認識の世界ではなくて、宇宙の発生以前の状態です。（中略）それだから人間離れがしている。そこへただ、ヒョッと光が眼を射たとたんに念が起きた。（中略）一念が起きたという、その起きた時に、手が付けられないものを人間が手を付けていたという事が分かるから、（以下略）（八二―八三頁）

井上禅師は自らの悟りの体験をもとに釈尊が悟りを開いたときの様子を描写しています。引用文のなかに、「そのまんま、どういう事なしにやっておったら、ついに落ちたんです」「そういうような真ただ中に脱落《おち》られて、その脱落《おち》た世界とは何かと言ったら、人の認識の世界ではなくて、宇宙の発生以前の状態です」という言葉があります。これらの言葉は、釈尊が瞑想をしていると、自己を束縛していた身心がすべて抜け落ちて（身心脱《しんじんだつ》落《らく》して）、自分が宇宙の発生以前の状態（真我の状態）のなかにただ在ることを自覚したことを表しています。そして、「ヒョッと光が眼を射たとたんに念が起きた」「一念が起きたという、その起きた時に、手が付けられないものを人間が手を付けていたという事が分かるから」という言葉は、心（自我が消滅した後の明鏡止水《めいきょうしすい》の状態の心）が働いたときに、無我の心に現れた真実の世界を認識して、すべての真相をはっきりと理解したことを示しています。

原田禅師も、釈尊が悟りを開いたときの様子を、『無舌人の法話 色即是空』のなかで次のように説いています。文中の「『不知・不識の実体』である仏身」は、真我を意味します。

◆釈尊が、「不知・不識の実体」である仏身に徹し、これを自覚された。この自覚のとき、はじめて認識が起きた。この時点において、観念が錯覚を起こして迷う事実をも徹見されたのであります。これによって無明の煩悩の根源を看破し、(以下略)（二〇四頁）

原田禅師と井上禅師の言葉は、私たちが悟りを開くと、自分が真我の状態のなかにただ在ることをまず自覚し、その後、心が働いたときに、無我の心に現れた真実の世界を認識して、すべての真相をはっきりと理解することを示しています。

鉄眼禅師は、①悟りを開くと、数多くの太陽が一度に出て世界を照らすように、すべての真相が明らかになること、これを見性成仏、大悟大徹または寂滅為楽《じゃくめついらく》と言うこと、悟りを開くと、過去・現在・未来の諸仏と自分が一体であることがわかり、釈尊、達磨大師の教えの真髄を知り、一切の衆生の本性が真我であることを見、天地万物の根源に徹して、たとえようのないほど幸福であること、②太陽が出たときに闇が自然になくなるように、悟りを開くと、すべての煩悩が自然になくなることを、「鉄眼禅師仮字法語」（『鉄眼禅師仮字法語』）のなかで次のように説いています。最初の引用文中の「寂滅爲樂」は、涅槃《ねはん》（悟りの境地）が真の楽であることを意味します。

◆①たゞ無念無心にして、ひたとつとめ行けば、忽然として眞實のさとりあらはれて、萬法をてらす事、百千の日輪の一度にいでたまふがごとし、これを見性《けんしやう》成佛《じやうぶつ》ともいひ、大悟大徹ともなづけ、寂滅爲樂ともいへり、此時三世の諸佛に一時に對面し、釋迦達磨の骨髓をしり、一切衆生の本性を見、天地萬物の根源に徹す、そのよろこばしき事、たとへていふべきやうなし、（以下略）（三八—三九頁）

◆②一切もろ〳〵の煩惱は、斷ずる事なけれども、おのづからたえてさらになし、たと

へば日の出でたる時、闇をのぞかんとはせざれども、そのやみおのづからなきがごとし、（以下略）（二四頁）

人は、悟りを開いたあとに、また元の凡夫に戻ることがあるのでしょうか。禅師と聖者は、悟りを開くのは一度だけであり、元の凡夫に戻ることはないと説いています。

井上禅師は、悟りを開くのが一度だけであることを、『禅――もう迷うことはない！』のなかで次のように説いています。

◆本当の悟りというものはね、「終《おわ》り初《はつ》もの」とあるように、一回限《き》りのものです。（一二一頁）

原田禅師も、悟りを開くのが一度だけであることを、『自我の本質』のなかで次のように説いています。

◆見性も、悟りも、一度だけのものでなければなりません。もし、深浅や階級を論ずることがあるようでしたら、それは未だ途中のことであり、結果に至り得ていない証拠というべきであります。（九七頁）

マハルシ師も、悟りを開いた人が元の迷いの状態に戻ることがないことを、『あるがままに』のなかで次のように説いています。

◆解脱とは絶対的で、もとに戻ることのないものなのだ。（七七頁）

第二章で紹介しましたように、「スッタニパータ」（『ブッダのことば』）の詩句七一四は、彼岸に到る（悟りを開く）のが一度だけであることを示しています。禅師と聖者の教えは、この釈尊の教えとほぼ同じです。

◎　七一四　道の人（ブッダ）は高く或いは低い種々の道を説き明かしたもうた。重ねて彼岸《ひがん》に至ることはないが、一度で彼岸に至ることもない。

第二節　悟りの境地

禅師と聖者が到達した悟りの境地とは、どのようなものなのでしょうか。

臨済禅師は、私たちが真に一つの想念も起こらない状態に在ることができれば、それが悟りであることを、「臨済録」（『臨済録』）のなかで次のように説いています。

◆お前たちが真に一念不生でいることができれば、直にそれが悟りであって、（以下略）（一四九頁）

臨済禅師は引用文で、「お前たちが真に一念不生でいることができれば、直にそれが悟りであって」と説いています。この言葉は、悟りを開いた人がつねに無心（無念無想）の状態に在ることを示しています。

山岡師は、悟りの境地にあれば、どのような境遇にあっても、不生不滅の唯一の実在（真我）として生き生きと自由自在に生きることができることを、「仏教之要旨（門生聞書）」（『山岡鉄舟・剣禅話』）のなかで次のように説いています。

◆この境地にあれば、たとえ藁小屋に住み卑賤な仕事に従事していたとしても、三千世界の主となって生死の流れにも流されず、（中略）宇宙に太陽が二つはないように、自分自身は天地の間にただ一個の存在になりきることができ、活脱遊戯自在三昧の境地に生きることができるようになる。（一五九頁）

井上禅師は、①この世界が夢であることを明らかに知る（悟りを開く）と、煩悩が完全になくなること、②悟りを開くと、種々の活動をしながら、つねに平穏な気持ちでいられることを、『井上義衍の 無門関 中』と『井上義衍提唱 良寛和尚 法華讃』のなかで次のように説いています。

◆①夢を夢と、本当に知ってみると、無明の煩悩というものの底がすっかりとれる。（『井上義衍の 無門関 中』二八頁）

◆②どうしようという気は一つもない。それじゃ、何もしないのかというたら、そうじゃない。朝から晩まで、やらなけりゃならんことがあれば、一々そのことを全部やって、済んだんです。（中略）本当に「無求《むぐ》」といいますか、求める気持ちも何もなしに、平穏な気持ちで生活できるように出来ておる。（『井上義衍提唱　良寛和尚　法華讃』六六頁）

井上禅師は二番目の引用文のなかで、「どうしようという気は一つもない。それじゃ、何もしないのかというたら、そうじゃない。朝から晩まで、やらなけりゃならんことがあれば、一々そのことを全部やって、済んだんです」と説いています。この言葉は、悟りを開いた人には自我がないので、精神活動の記憶に動機づけられることなく、無心の行為が自然に起こることを示しています。その後の「本当に『無求《むぐ》』といいますか、求める気持ちも何もなしに」という言葉は、悟りを開いた人には欲望がないことを表しています。

第五章第一節で、鉄眼禅師の「此さとりをひらきて見れば、我身は我身ながら、本より法身の體にして、生れたるにもあらず、生れざる身なれば、死するといふ事もなし、これを不生不滅といひ、または無量壽佛といふ」（『鉄眼禅師仮字法語』）という言葉を紹介しました。この言葉は、悟りの境地が不滅（不死）の境地であることを示しています。

また、第五章第二節では、原田禅師の「私たちの生きる目的は、無心・無我になることで、無心・無我になった人を仏と言っています」（『無舌人の法話　色即是空』）という言葉を紹介しました。この言葉は、悟りを開いた人には想念や自我がないことを示しています。

マハラジ師は、①悟りを開くと、心（自我の心）が出来事をつくり出すのをやめたこと、悟りを開くと、「私」という主体（自我）が消滅したこと、②悟りを開くと、平安、喜び、愛（慈悲）が自分の正常な状態になったこと、③悟りを開くことによって得られた真の幸福は環境に依存しないので、壊れやすいものではないこと、④悟りを開いた人には悩み、後悔、思考がないことを、『アイ・アム・ザット 私は在る』のなかで次のように説いています。

◆①マインドが出来事をつくり出すのをやめたのだ。遥かなる昔からの絶え間ない探求が終焉したのだ。（中略）そこに闘おうとする「私」は残っていなかった。（四一〇頁）

◆②すぐに平安と喜び、すべてを深く抱擁する愛が私の正常な状態となった。（二五七頁）

◆③真の幸福は壊れやすいものではない。なぜなら、それは環境に依存しないからだ。（四九一頁）

◆④何の悩みも後悔もつきまとわない。私のマインドには思考がない。（九七頁）

マハラジ師は最初の引用文のなかで、「マインドが出来事をつくり出すのをやめたのだ」と説いています。心（自我の心）が出来事をつくり出すことについては、第十章第三節で、マハラジ師の「マインドが貯蔵庫から記憶を引き出し、想像しはじめると、それは空間を対象物で、時間を出来事で埋めつくしてしまう」（『アイ・アム・ザット 私は在る』）という言葉を紹介しました。その後の「そこに闘おうとする『私』は残っていなかった」という言葉は、自我が消滅したことを表しています。自我が消滅すると、自我の心も夢の世界も消え去ります。

二番目の引用文の「すぐに平安と喜び、すべてを深く抱擁する愛が私の正常な状態となった」という言葉は、真我の本性が平安・至福・愛（慈悲）であることを示しています。

三番目の引用文に、「真の幸福は壊れやすいものではない。なぜなら、それは環境に依存しないからだ」という言葉があります。悟りを開くことによって得られた真の幸福（至福）は真我の本性そのものですから、夢の世界の影響を受けることがなく、壊れることもありません。

第八章で、マハルシ師の「それぞれの観念や想念は誰かの想念としてのみ起こり、自我から独立して存在することはない。それゆえ、自我が想念の活動を表すのだ」（『あるがままに』）という言葉を紹介しました。悟りを開いた人には自我がありませんので、欲望、執着、思考、悩みなどの想念は起こりません。

第二章で紹介しましたように、「スッタニパータ」（『ブッダのことば』）は、ニルヴァーナの境地（悟りの境地）は不滅（不死）・平安の境地であること（二〇四）、悟りを開くことによって得られた安らぎは、夢・幻ではないこと（七五八）、悟りを開いた人には自我がないこと（七九〇）、悟りを開いた人には想念（思考）がないこと（七）、そして悟りを開いた人には煩悩がないこと（四七二）を示しています。禅師と聖者の教えは、これらの釈尊の教えとほぼ同じです。

◎二〇四　この世において愛欲を離れ、智慧ある修行者は、不死・平安・不滅なるニルヴァーナの境地に達した。

◎七五八　安らぎは虚妄ならざるものである。諸々の聖者はそれを真理であると知る。かれらは実に真理をさとるが故に、快を貪ることなく平安に帰しているのである。

◎七九〇　（真の）バラモンは、（正しい道の）ほかには、見解・伝承の学問・戒律・道徳・思想のうちのどれによっても清らかになるとは説かない。かれは禍福に汚《けが》されることなく、自我を捨て、この世において（禍福の因を）つくることがない。

◎七　想念を焼き尽して余すことなく、心の内がよく整《ととの》えられた修行者は、この世とかの世とをともに捨て去る。――蛇が脱皮して旧い皮を捨て去るようなものである。

◎四七一　こころをひとしく静かにして激流をわたり、最上の知見によって理法を知り、煩悩《ぼんのう》の汚《けが》れを滅しつくして、最後の身体をたもっている〈全き人〉（如来）は、お供えの菓子を受けるにふさわしい。

第十四章　悟りを開く

私たちが住んでいるこの世界は、自我の心に現れた夢の世界です。自我が消滅すれば、自我の心も夢の世界も消え去ります。自我を消滅させるためには、心をつねに平静に保ち、無心になる必要があります。

第一節　自我の消滅

私たちはつねに真我であるにもかかわらず、心の迷いのために、この世界で個人として欲望と恐れの人生を生き、種々の苦痛と快楽を体験している夢を見ています。禅師と聖者は、夢から覚める（悟りを開く）ためには、その根本原因である自我が消滅しなければならないと説いています。

道元禅師は、仏道を学ぶためには自我を離れなければならないこと、多くの経論《きょうろん》（経とその注釈）を学んでも、自我への執着がなくならなければ、四魔《しま》（煩悩魔・陰魔・死魔・天魔）の存在する世界（夢の世界）に結局戻ってしまうことを、「正法眼蔵随聞記」（『正法眼蔵随聞記』）のなかで次のように説いています。

◆学道は須く吾我《ごが》を離るべし。設《たと》ひ千経万論《せんきやうまんろん》を学《がく》し得たりとも、我執《がしふ》を離れずんば終《つひ》に魔坑《まきやう》に落《おつ》べし。（一一三頁）

道元禅師は引用文のなかで、「学道は須く吾我《ごが》を離るべし」と説いています。私たちが自我を離れると、自我はその拠《よ》り所を失って消滅します。

井上禅師は、自我が消滅しなければ、自分の本性（真我）を知ることができないことを、『井上義衍の 無門関下』のなかで次のように説いています。

◆今までの我見《がけん》としての自己らしいものを本当に殺してみないと、自分の自性としての、本来の性《しょう》というものは分かるものではない。（八二頁）

原田禅師は、禅では自我の消滅を眼目としていることを、『無舌人の法話 色即是空』のなかで次のように説いています。

◆禅のいちばん眼目としているのが「自我意識を滅する」ということです。(三四頁)

マハルシ師は、私たちが自我を離れると、自我は消滅し、私たちは自由になることを、『あるがままに』のなかで次のように説いています。

◆もしあなたが自我を否定し、それを無視することによって焼き尽くすならば、あなたは自由になるだろう。(三六五頁)

マハラジ師は、自我の消滅は悟りを開くことを可能にすることを、『アイ・アム・ザット 私は在る』のなかで次のように説いています。

◆自我と、その欲望と恐れの終焉は、幸福と平和の源であるあなたの真の本性に帰り着くことを可能にする。(二九六頁)

第二章で紹介しましたように、「スッタニパータ」(『ブッダのことば』)の詩句一一一九は、悟りを開くためには、自我を離れなければならないことを示しています。禅師と聖者の教えは、この釈尊の教えとほぼ同じです。

◎一一一九 (ブッダが答えた)、/「つねによく気をつけ、自我に固執する見解をうち破って、世界を空《くう》なりと観ぜよ。そうすれば死を乗り超えることができるであろう。このように世界を観ずる人を、〈死の王〉は見ることがない。」

第二節　無心になる

悟りを開くためには自我が消滅しなければなりませんが、心（自我の心）が働いている間は、自我が消滅することはありません。禅師と聖者は、心（自我の心）を用いて悟りを開こうとしてはならないと説いています。

道元禅師は、仏道は思慮、分別、推量、観想、知覚、理解などで到達できる範囲の外にあること、仏道を学ぶために思慮分別などを用いてはならないことを、「学道用心集」（『道元禅師語録』）のなかで次のように説いています。

◆參學は識るべし、佛道は思量と分別《ふんべつ》と卜度《ぼくたく》と觀想と知覺と慧解《ゑげ》との外に在ることを。
（中略）學道は思量分別等の事を用ふべからず、（以下略）（三五・三七頁）

第五章第一節で、黄檗禅師の「此靈覺の性は、（中略）功用《くゆう》を以て到るべからず」（『黄檗山断際禅師 伝心法要』）という言葉を紹介しました。この言葉も、功用《くゆう》（意識的な行為や精神活動）、すなわち心の働きによっては霊覚（真我）に到達する（悟りを開く）ことができないことを示しています。

マハラジ師は、私たちを身体に閉じ込めたのは心であること、その心を用いて悟りを開こうとしてはならないことを、『アイ・アム・ザット 私は在る』のなかで次のように説いています。

◆解放を得るためにマインドに頼ってはならない。あなたを束縛へと追いやったのはマインドなのだ。（二二四頁）

禅師と聖者は、悟りを開くためには心（自我の心）の働きが止まった状態、すなわち無心にならなければならないと説いています。

「無心《むしん》」は、『広辞苑』では、「〔仏〕妄念を離れた状態」などとなっており、『岩波仏教辞典』では、「〈心〉とは心の働きで、その働きがないことを〈無心〉という。仏教では、妄念を断滅した真心を指していう〔宗鏡録四五、八三、金剛経、伝心法要下〕。心は対象に具体的な相を認めて働き、その相にとらわれるが、そのようなとらわれ、迷いを脱した心の状態（無心）こそが真理（法）を観照できるとされる。禅宗では『無念を宗とす』〔頓悟要門など〕として、無念無想、つまり無心の状態を重んずる」などとなっています。

黄檗禅師は、想念や思慮のない状態（無心の状態）に在ると、仏（真我）は自然に現れることを、「伝心法要」（『黄檗山断際禅師 伝心法要』）のなかで次のように説いています。

◆念《ねん》を息《そく》し慮《りょ》を忘《ぼう》ずれば佛自《オ》ら現前することを知らず。（九頁）

臨済禅師は、悟りを開くためには、厳しい修行をおこなうことや、大切なものをすべて施《ほどこ》し与えることより、ありのまま純一無雑（無心）でいることが一番よいことを、「臨済録」（『臨済録』）のなかで次のように説いています。

◆人里離れた山中にひとりで住み、一日一食の掟《おきて》を守り、横にもならず坐禅に明け暮れし、昼夜定められた時間に六度の勤行《ごんぎょう》をはげんでも、それもみな迷いの業を作っている人にすぎない。また、自分の肉体や、国や城、妻や子供、象や馬、七宝などの貴重なものをすべて施しても、そういう態度は、いたずらに身心を苦しめてかえって苦の果報を招く。それよりはありのまま純一無雑でいるのが一番よい。（一八一―一八二頁）

井上禅師は、悟りを開くためには、無心や無念などの想念もすべてなくなった、心に何もない状態（無心の状態）にならなければならないことを、『井上義衍の 無門関 中』のなかで次のように説いています。

◆無心というものがあっても、それだけ邪魔物です。（中略）無念というものすらも、邪魔です。それだけ要らんことです。そういうものすらも、すっかりなくなってしまうところに、大切なところがある。（一三六頁）

第十三章第一節で、鉄眼禅師の「たゞ無念無心にして、ひたとつとめ行けば、忽然として眞實のさとりあらはれて、萬法をてらす事、百千の日輪の一度にいでたまふがごとし、これを見性《けんしやう》成佛《じやうぶつ》ともいひ、大悟大徹ともなづけ、寂滅爲樂ともいへり」（『鉄眼禅師仮字法語』）という言葉を紹介しました。この言葉は、無心の状態に在れば、いつか悟りを開くことができることを示しています。

マハルシ師は、心が静まれば（無心になれば）、悟りの境地はひとりでに現れることを、『あるがままに』のなかで次のように説いています。

◆心がすべての原因である。それが静まれば、本来の自然な状態はひとりでに現れるだろう。（六一頁）

プンジャ師は、真の本性（真我）を見いだす（悟りを開く）ためには想念のない状態（無心の状態）にとどまる必要があることを、『覚醒の炎』のなかで次のように説いています。

◆これを見いだすためにあなたが必要とする唯一の努力とは、想念なしにとどまることだ。（一六〇頁）

禅師と聖者は、悟りを開くためには無心にならなければならないと説いています。それでは、無心になるためにはどうすればいいのでしょうか。

盤珪禅師は、①妄想が起こらないようにしようと思うことも妄想であること、②妄想が起こるまま、止《や》むままにして、気にせず、かまわずにいると、妄想はいつの間にか消滅し、無心になることを、「仏智弘済禅師法語」（『盤珪禅師語録』）のなかで次のように説いています。

◆①妄想をしずめんと思ふも妄想也。（一〇〇—一〇一頁）

◆②起るまま止まゝにして、用ひず嫌はれざれば、妄念はいつとなく、不生の心中に消滅する也。（一〇〇頁）

盤珪禅師は最初の引用文のなかで、「妄想をしずめんと思ふも妄想也」と説いています。無心になるために想念をなくそうとすると、その想念（なくそうとする想念）が新たに心に残ります。私たちがどれだけ努力をしても、それが心の働き（精神活動）であるかぎり、いつまでも新たな想念が心に残り、無心になることはありません。

井上禅師は、煩悩・妄想があっても、それらを気にせず、そのまま放置しておくと、煩悩・妄想は自然に消滅することを、『井上義衍提唱　良寛和尚　法華讃』のなかで次のように説いています。

◆煩悩、妄想といっておるものでも、手つかずに、そのままにしておきさえすれば、みな立ち消える。（一八頁）

禅師は、無心になるためには、想念がどれだけ出てきても、それらを気にせず、相手にしないことが重要であると説いています。

第二章で紹介しましたように、「スッタニパータ」(『ブッダのことば』)は、どれだけ見解を深め、学問を究め、戒律と道徳を守り、思想を探究しても、それらによっては悟りを開くことができないこと(七九〇)、そして悟りを開くためには、心が静止した不動の状態(無心の状態)にならなければならないこと(九二〇)を示しています。禅師と聖者の教えは、これらの釈尊の教えとほぼ同じです。

◎七九〇(真の)バラモンは、(正しい道の)ほかには、見解・伝承の学問・戒律・道徳・思想のうちのどれによっても清らかになるとは説かない。かれは禍福に汚《けが》されることなく、自我を捨て、この世において(禍福の因を)つくることがない。

◎九二〇 海洋の奥深いところでは波が起らないで、静止しているように、静止して不動であれ。修行者は何ものについても欲念をもり上らせてはならない。」

次節からは、無心になるための実践方法について禅師と聖者の言葉を紹介します。

第三節　欲望と執着を離れる

悟りを開くためには、心をつねに平静に保ち、無心にならなければなりませんが、私たちの心は煩悩のためにいつも大きくあるいは小さく波立っています。私たちの心を乱す想念には、欲望、執着、恐れ、喜び、期待、不安、後悔、怒り、不満、悲しみ、怨《うら》みなど、いろいろありますが、それらのなかで最も根源的なものは欲望と執着です。その他の問題となる想念の根底にはかならず欲望あるいは執着が潜《ひそ》んでいますので、私たちが欲望と執着を離れることができれば、他の想念は問題にならなくなります。

まず「欲望を離れる」について禅師と聖者の言葉を見ていきましょう。

黄檗禅師は、求める心のないことが最も重要であり、多くのことを知っていることはそれに及ばないことを、「伝心法要」(『黄檗山断際禅師 伝心法要』)のなかで次のように説いています。

◆百種の多知は求むる無きの最第一なるに如《し》かず、(以下略)(四五頁)

道元禅師は、心に願い求めることがなければ、大安楽であることを、「正法眼蔵随聞記」(『正法眼蔵随聞記』)のなかで次のように説いています。

◆心にねがひ求《もとむ》ることなければ即ち大安楽《だいあんらく》なり。(一〇七頁)

マハラジ師は、欲望に注意を払ってはならないことを、『アイ・アム・ザット 私は在る』のなかで次のように説いています。

◆欲望とは単にある想念にマインドを固定させることだ。それに注意を払わないことで、その常道にはまる習慣を捨て去りなさい。（三五六頁）

マハラジ師は引用文のなかで、「欲望とは単にある想念にマインドを固定させることだ」と説いています。この言葉は、欲望の根底には執着があることを示しています。もし執着がなければ、欲望が起こっても、それはすぐに消滅するので、問題になることはありません。

欲望を離れることの目的は、心をつねに平静に保ち無心になることです。したがって、生命維持に必要な生理的欲求（食欲・睡眠欲・排泄欲）を適正に満たすことは、修行の妨げになりません。

次に「執着を離れる」について禅師と聖者の言葉を見ていきましょう。

黄檗禅師は、仏道修行の肝要な秘訣は、何ものにも執着しないことであることを、「伝心法要」（『黄檗山断際禅師 伝心法要』）のなかで次のように説いています。

◆學道の人如し要訣を知るを得むと欲せば、但、心上に於て一物をも著《つ》くこと莫れ。
（二一頁）

道元禅師は、仏道を学ぶ心得は、執着を捨てることであることを、「正法眼蔵随聞記」（『正法眼蔵随聞記』）のなかで次のように説いています。

◆学道の用心《ようじん》は只本執《ほんしふ》を放下《はうげ》すべし。（一三五頁）

沢庵禅師は、前の心を捨てず、今の心を後に残すのがよくないことを、「不動智神妙録」（『不動智神妙録・太阿記』）のなかで次のように説いています。

◆前後の際《きわ》を断つ、という言葉があります。／前の心を捨てず、今の心を後に残すのがよくないのです。（八七頁）

マハルシ師は、①想念や世俗的活動などの非実在への執着がなくなれば、真理は明らかになること、②世界を実在と確信している間は、悟りを開くことができないことを、『あるがままに』のなかで次のように説いています。

◆①われわれは誤って非実在に固執している。それはつまり、想念や世俗的活動への執着なのである。その執着がやめば、真理は明らかになるだろう。（二二三頁）

◆②世界が実在であるという確信がなくならないかぎり、実在である真我の実現は得られないだろう。（特別収録「私は誰か？」〔Who am I?〕）（三九四―三九五頁）

マハルシ師は二番目の引用文で、「世界が実在であるという確信がなくならないかぎり、実在である真我の実現は得られないだろう」と説いています。私たちが世界は実在であると確信している間は、世界に対する欲望や執着も存在していますので、悟りを開くことはできません。

第二章で紹介しましたように、「スッタニパータ」（『ブッダのことば』）は、悟りを開くためには、欲望を離れなければならないこと（七七一）、そして悟りを開くためには、執着を離れなければならないこと（七四一）を示しています。禅師と聖者の教えは、これらの釈尊の教えとほぼ同じです。

◎七七一　それ故に、人は常によく気をつけていて、諸々の欲望を回避せよ。船のたまり水を汲み出すように、それらの欲望を捨て去って、激しい流れを渡り、彼岸《ひがん》に到達せよ。

◎七四一　妄執は苦しみの起る原因である、とこの禍いを知って、妄執を離れて、執著することなく、よく気をつけて、修行僧は遍歴《へんれき》すべきである。

第四節　今この瞬間を生きる

第七章第一節で、プンジャ師の「時間の存在しない現在の瞬間には、心も存在しない」

（『覚醒の炎』）という言葉を紹介しました。私たちが、心の存在しない今この瞬間（真我の状態）に完全に集中することができれば、心を働かせずに真我の状態のなかにただ在る（無心の状態に在る）ことになります。禅師と聖者は、悟りを開くためには、過去や未来のことは考えずに、つねに今この瞬間に集中する必要があると説いています。

原田禅師は、①何をするときでも一所懸命になって、そのことに徹底的に集中していると、すべてがなくなるときがあること、それが今この瞬間（真我の状態）であること、②求めることをやめて、今この瞬間に集中するのがよいことを、『無舌人の法話 色即是空』と『禅に生きる』のなかで次のように説いています。

◆①日常の生活をなおざりにしないで、何事をなさるのも一所懸命になって、そのものに成り切る。成り切っていることも忘れて、忘れたことをもうひとつ忘れるという、そこまで行けるはずです。そうすると、何にも無くなる時節があります。それが、「今（空）」ということです。（『無舌人の法話 色即是空』一二九頁）

◆②どうぞ求心をやめて、即今、即今に集中していただきたいと思います。（『禅に生きる』一二三頁）

プンジャ師は、過去のことは考えずに、今この瞬間に集中するのがよいことを、『覚醒の炎』のなかで次のように説いています。

◆現在を過去に邪魔させてはならない。この今の瞬間を見なさい。いかなる過去の想念も入りこませず、その中に在りなさい。(二四九頁)

マハルシ師は、今現在にかかわり、未来を心配してはならないことを、『あるがままに』のなかで次のように説いています。

◆今現在にかかわりなさい。未来はそれ自身で面倒を見るだろう。未来を思い煩《わずら》ってはならない。(三三八頁)

第二章で紹介しましたように、「スッタニパータ」(『ブッダのことば』)の詩句一〇九九は、悟りを開くためには、過去・現在・未来の何ものにも執着せず、つねに今を生きなければならないことを示しています。禅師と聖者の教えは、この釈尊の教えとほぼ同じです。

◎一〇九九　過去にあったもの(煩悩)を涸渇《こかつ》せしめよ。未来にはそなたに何ものもないようにせよ。中間においても、そなたが何ものにも執著《しゅうじゃく》しないならば、そなたはやすらかにふるまう人となるであろう。

第五節　坐禅する

悟りを開くために最も効果的な方法として、禅師は「坐禅」を推奨し、聖者は「真我探求（真我探究）」あるいは「明け渡し」を推奨しています。釈尊がおこなった瞑想は曹洞宗の坐禅（只管打坐《しかんたざ》）とほぼ同じであろうと考えられますので、それに関する禅師の言葉を紹介します。

道元禅師は、①仏道を学ぶ上で最も重要なことは坐禅であること、②坐禅は仏道にかなった行《ぎょう》であること、坐禅をしているときは自我の働きがなく、その状態が自己の正体（真我の状態）であることを、「正法眼蔵随聞記」（『正法眼蔵随聞記』）のなかで次のように説いています。

◆①学道の最要は坐禅これ第一なり。（一二九頁）

◆②坐《ざ》はすなはち仏行《ぶつぎやう》なり、坐《ざ》はすなはち不為《ふゐ》なり。是れ便ち自己の正体なり。（六五頁）

井上禅師は、①坐禅は、自分の真相を知る唯一の方法であること、坐禅をしているときは自分の真相（真我の状態）を行じている状態であること、②坐禅をしているときに想念が起こっても相手にしてはならないことを、『禅――もう迷うことはない！』と『井上義

衍提唱 僧璨大師 信心銘』のなかで次のように説いています。

◆①坐禅とは、自分の真相を本当に知る唯一の道である。もっと単直に言ったら、坐禅するというその事自体がすでに自分の真相を今行じる、今そこではっきりと行じている状態であると言って良いでしょう。（『禅——もう迷うことはない！』五九頁）

◆②坐禅《ざぜん》をするときは、自分を中心にして坐禅をしてはならんのです。それを本当にやめて、六官を解放して、六官の作用がどうあろうとも一切かまわずに、いちいちの、その時そのときの作用のままに、煩悩らしい作用が起きようが、立派そうなものが起きようが、かまわないことです。（『井上義衍提唱 僧璨大師 信心銘』二二頁）

原田禅師は、①坐禅中に出てくるさまざまな妄想分別を一切相手にせず、邪魔にせず、凛《りん》として坐ることが重要であること、②ひたすらに坐って、坐も忘れると、人間以前の状態（真我の状態＝無心の状態）になることを、『無舌人の法話 色即是空』と『自我の本質』のなかで次のように説いています。

◆①「ひたすらに坐る」ということは、坐禅中に出てくる様々な妄想分別を一切相手にせず、邪魔にせずして、凛として坐るということです。出てきたら、出てきたままにしておく。（『無舌人の法話 色即是空』一四四頁）

◆②ひたすらに坐り切って、坐も忘れなさい。そうすると、人間以前の状態になる。人

の考えがまったく入らない「今」という状態で、毎日の生活ができるということです。（『自我の本質』二四頁）

井上禅師は、「煩悩らしい作用が起きようが、立派そうなものが起きようが、かまわないことです」と説いており、原田禅師は、「『ひたすらに坐る』ということは、坐禅中に出てくる様々な妄想分別を一切相手にせず、邪魔にせずして、凛として坐るということです。出てきたら、出てきたままにしておく」と説いています。修行者が坐禅中に出てくる想念を気にせず、かまわずにいると、想念は自然に消滅して、修行者は無心になります。

第二章で紹介しましたように、「スッタニパータ」（『ブッダのことば』）の詩句七〇九は、悟りを開くためには、瞑想に専念しなければならないことを示しています。禅師の教えは、この釈尊の教えとほぼ同じです。

◎　七〇九　かれは思慮深く、瞑想《めいそう》に専念し、林のほとりで楽しみ、樹の根もとで瞑想し、大いにみずから満足すべきである。

第十五章　釈尊の教えと禅師・聖者の言葉

これまで見てきましたように、十二人の禅師と聖者の言葉には多くの共通点があり、しかも矛盾する点はほとんどありません。このことは、悟りを開いた人がみな同じ一つの「真実のすがた」を見ていることを示しています。

最後に、第二章で紹介した「スッタニパータ」（『ブッダのことば』）の詩句と、それらの重要部分が示すこと（釈尊の教え）に関連する禅師と聖者の言葉を並べて見ていきましょう。

一　自己

(一)「スッタニパータ」の詩句七五六

◎　七五六　見よ、神々並びに世人は、非我《ひが》なるものを我と思いなし、〈名称と形態〉(個体)に執著《しゅうじゃく》している。「これこそ真理である」と考えている。

〈禅師・聖者の言葉〉

詩句七五六の重要部分は、「非我《ひが》なるものを我と思いなし」、すなわち「自己ではないもの(身体)を自己だと思い」というところです。この言葉は、身体が自己ではないことを示しています。これに関連する聖者と禅師の言葉としては、次のものがあります。

◆「私は身体だ」という誤った知識がすべての災いの原因だ。この誤った知識が去らなければならない。(『あるがままに』三九頁)(第五章第一節)

◆我身本より幻なれば、その心もまた幻なり、(以下略)(『鉄眼禅師仮字法語』二七頁)(第九章第二節)

（二）「スッタニパータ」の詩句九一六

◎ 九一六　師（ブッダ）は答えた、「〈われは考えて、有る〉という〈迷わせる不当な思惟〉の根本をすべて制止せよ。内に存するいかなる妄執をもよく導くために、常に心して学べ。

〔禅師・聖者の言葉〕

詩句九一六の重要部分は、「〈われは考えて、有る〉という〈迷わせる不当な思惟〉の根本をすべて制止せよ」、すなわち『私』という考える主体（自我）が存在するという誤った思いをすべてやめなさい」ということろです。この言葉は、「私」という主体（自我）が存在しないことを示しています。これに関連する禅師と聖者の言葉としては、次のものがあります。

◆故に知んぬ、此身我無く、亦主も無きことを。（中略）故に知んぬ、此心我無く、亦主も無きことを。（『黄檗山断際禅師 伝心法要』一九頁）（第五章第一節）

◆人は、眼・耳・鼻・舌・身・意という六根の働きから成り立っているだけなので、「私は本当に見た」とか「私は本当に聞いた」という「私」というものは存在しません。（『禅に生きる』六三頁）（第十章第三節）

◆我は無いのです。それじゃ我が無いといったって、こういうような働きをしている今の私をおいて、このもの（身）を私でないというのではないのです。こういう道具立てとしてのもの自体に「俺がッ」という観念的に要求しているような中心が、この中に存在しているのではないんだという事です。（『禅――もう迷うことはない！』九〇頁）（第十章第三節）

◆自我というものはまったく存在しない。（『あるがままに』四六頁）（第五章第一節）

（三）「スッタニパータ」の詩句一一二一

◎一一二一　師（ブッダ）は答えた、／「ピンギヤよ。物質的な形態があるが故に、人々が害《そこな》われるのを見るし、物質的な形態があるが故に、怠る人々は（病いなどに）悩まされる。ピンギヤよ。それ故に、そなたは怠ることなく、物質的形態を捨てて、再び生存状態にもどらないようにせよ。」

〈禅師・聖者の言葉〉

詩句一一二一の重要部分は、「物質的形態を捨てて」、すなわち「身体を超越して」というところです。この言葉は、人が身体を超越できることを示しています。これに関連する聖者と禅師の言葉としては、次のものがあります。

◆あなたはこの身体の中で、カゴの鳥のように生きている。だが、この鳥はいつでも飛びたてるのだ。（『覚醒の炎』五八頁）（第五章第一節）

◆あなたが身体意識を超越するとき、「他者」もともに消え去る。真我を実現した人は、世界を彼自身と別のものとしては見ないのである。（『あるがままに』五〇頁）（第九章第一節）

◆心經《しんぎやう》にいはく、五蘊《うん》みな空なりと照見すれば、一切の苦厄を度すと、この意《こゝろ》は、五蘊本より空にして、なきものなる事をさとりて、その理をあきらかにてらし見れば、一切もろ〳〵の、生死《しやうじ》の苦患《くげん》厄難を度脱して、法身般若《ほつしんはんにや》の體《たい》にかなふといふ意なり。

（『鉄眼禅師仮字法語』九頁）（第九章第二節）

(四)「スッタニパータ」の詩句九〇二

◎　九〇二　ねがい求める者には欲念がある。また、はからいのあるときには、おののきがある。この世において死も生も存しない者、——かれは何を怖《おそ》れよう、何を欲しよう。

〔禅師・聖者の言葉〕

詩句九〇二の重要部分は、「この世において死も生も存しない者」というところです。この言葉は、悟りを開いた人（真我に目覚めた人）が不生不滅の存在であることを示しています。これに関連する禅師の言葉としては、次のものがあります。

◆此さとりをひらきて見れば、我身は我身ながら、本より法身の體にして、生れたるにもあらず、生れざる身なれば、死するといふ事もなし、これを不生不滅といひ、または無量壽佛といふ、（以下略）（『鉄眼禅師仮字法語』一二頁）（第五章第一節）

◆真我の我とは、天地が分かれる前、父母が生まれる前から存在する我である。（中略）この我は、影もなく形もなく、生《しょう》もなく死もない我である。（『不動智神妙録・太阿記』九八―九九頁）（第五章第一節）

二　世界

（一）「スッタニパータ」の詩句一六九

◎　一六九　師は答えた、「雪山に住むものよ。六つのものがあるとき世界が生起し、六つのものに対して親しみ愛し、世界は六つのものに執著しており、世界は六つのものに悩まされている。」

詩句一六九の重要部分は、「六つのものがあるとき世界が生起し」、すなわち「眼《げん》・耳《に》・鼻《び》・舌《ぜつ》・身《しん》・意《い》の六感官があるときに世界が生起し」というところです。この言葉は、世界は私たちがそれ（世界）を知覚するときに現れることを示しています。これに関連する禅師と聖者の言葉としては、次のものがあります。

〔禅師・聖者の言葉〕

◆目でも、向こうのものを見るときに、その向こうのものがあるんです。それと比較しようと思って、こっちのものを見たときは、向こうのものはないんです。（『井上義衍提唱 僧璨大師 信心銘』二三頁）（第九章第二節）

◆わたしどもの眼以外に、ものがあるのじゃないんです。（中略）六根挙げて、六根ともに、全部そういうふうに出来ているんでしょう。（『井上義衍提唱 良寛和尚 法華讃』七三頁）（第九章第二節）

◆見る者なしには見られるものも存在しない。（中略）創造は見る者のなかに含まれているからである。（『あるがままに』三二二頁）（第九章第二節）

◆あなたが身体のなかに生まれて、はじめて世界は存在を現す。身体がなければ、世界

はない。（『アイ・アム・ザット 私は在る』二二四頁）（第八章）

（二）「スッタニパータ」の詩句一一一九

◎一一一九（ブッダが答えた）、／「つねによく気をつけ、自我に固執する見解をうち破って、世界を空《くう》なりと観ぜよ。そうすれば死を乗り超えることができるであろう。このように世界を観ずる人を、〈死の王〉は見ることがない。」

〔禅師・聖者の言葉〕

詩句一一一九の重要部分は、「世界を空《くう》なりと観ぜよ」、すなわち「世界を空なるものとして観なさい」というところです。この言葉は、世界が空である（世界には実体がない）ことを示しています。これに関連する禅師の言葉としては、次のものがあります。

◆わしから見ると、すべての存在は空相であって、因縁によって現れて有となり因縁によってまた無となる。三界は唯心の所造《しよぞう》であり、万法は唯識の所現《しよげん》であるからだ。だから古人もこんな夢幻空花にひとしいものを捉《とら》えようとあがきまわるなと言っている。（『臨済録』一三二頁）（第八章）

◆わたしどもの、この生活だって、自分の実体というものは、これですよ、といって、つかむようなものがないんです。そんなふうに、すべてが出来ているんです。わたしどもの今の様子、「心経」でいいますと、「五蘊皆空《ごおんかいくう》を照見《しょうけん》して」とありましたね。もともと「五蘊皆空」なんです。（『井上義衍提唱　僧璨大師　信心銘』二四頁）（第九章第二節）

（三）「スッタニパータ」の詩句九

◎　九　走っても疾過ぎることなく、また遅れることもなく、「世間における一切のものは虚妄《きよもう》である」と知っている修行者は、この世とかの世とをともに捨て去る。――蛇が脱皮して旧い皮を捨て去るようなものである。

〔禅師・聖者の言葉〕

詩句九の重要部分は、「世間における一切のものは虚妄《きよもう》である」というところです。この言葉は、世間のすべてのものが夢・幻であることを示しています。これに関連する禅師と聖者の言葉としては、次のものがあります。

◆此世は夢なり、久しかるべからず、財寶多くあつめ持ちて悅ぶと雖も、一枕《いっちん》の夢に金を得て實の金と思ひ、悅ふこと限りなけれども、覺る時金にあらざるが如し。夢の中

にこれは夢なりと知らぬもの也。覺めて後こそ夢とは知れ。(『東海夜話』三頁)(第十章第一節)

◆我身本より幻なれば、その心もまた幻なり、その心すでに幻なれば、その煩悩もまた幻なり、(中略)一大法界のその中に、幻にあらざるものある事なし、(以下略)(『鉄眼禅師仮字法語』二七頁)(第九章第二節)

◆私の世界は真実だ。あなたの世界は夢でできているのだ。(『アイ・アム・ザット 私は在る』九八頁)(第八章)

◆夢は短く目覚めは長いということを除けば、夢見と目覚めの状態には何の違いもない。どちらも心の生みだしたものだ。(『あるがままに』二八―二九頁)(第十章第一節)

◆ひとたびあなたが現在の状態、あなたが現実と呼ぶこの世界はただの神話、作り話でしかないことを知れば、それはあたかもけっして存在しなかったように消え去るのだ。(『覚醒の炎』三四八頁)(第十章第一節)

(四)「スッタニパータ」の詩句一〇七〇

◎一〇七〇　師(ブッダ)は言われた、「ウパシーヴァよ。よく気をつけて、無所有をめざしつつ、『何も存在しない』と思うことによって、煩悩《ぼんのう》の激流を渡れ。

諸々の欲望を捨てて、諸々の疑惑を離れ、妄執の消滅を昼夜に観ぜよ。」

〔禅師・聖者の言葉〕

詩句一〇七〇の重要部分は、「無所有をめざしつつ、『何も存在しない』と思うことによって」、すなわち「何も存在しない境地をめざしつつ、『何も存在しない』と思うことによって」というところです。この言葉は、世界には何も存在しないことを示しています。これに関連する禅師と聖者の言葉としては、次のものがあります。

◆人の存在も、ものの存在も本当はないのです。人の存在といい、ものの存在というておるものが、ただ因果の関係における因果の消息としての動きのみであるということです。(『井上義衍提唱 良寛和尚 法華讃』八六頁)(第九章第二節)

◆私たちはマインドの限界内に在る。実際には、何も起こってはいないのだ。過去もなければ、未来もない。すべては現れであり、何も存在しないのだ。(『アイ・アム・ザット 私は在る』四二三―四二四頁)(第九章第二節)

三　輪廻転生

（一）「スッタニパータ」の詩句七二八

◎　七二八　世間には種々なる苦しみがあるが、それらは生存の素因にもとづいて生起する。実に愚者は知らないで生存の素因をつくり、くり返し苦しみを受ける。それ故に、知り明らめて、苦しみの生ずる原因を観察し、再生の素因をつくるな。

〔禅師・聖者の言葉〕

　詩句七二八の重要部分は、「世間には種々なる苦しみがある」というところです。この言葉は、この世界（夢の世界）には多くの苦しみがあることを示しています。これに関連する禅師と聖者の言葉としては、次のものがあります。

◆生ずるを生苦《しやうく》となづけ、年よるを老苦といふ、やまひは病苦にして、死するは死苦なり、男子《なんし》にも苦あれば、女人《によにん》にも苦おほし、（中略）その中に、すこしくるしみのかろくしてやすめるを、まよひて樂とおもへるなり。（『鉄眼禅師仮字法語』一六頁）（第十章第二節）

◆わたしどものこの人生といわれるものは、「無明」で覆われておるのですね。人の迷いとしてのものに覆われて苦しんでおる。その苦しみの社会なのです。（『井上義衍提唱 良寛和尚 法華讃』八一頁）（第十章第二節）

◆ひとたびあなたが世界は苦しみで満ち、生まれてくること自体が災いだという真実を把握すれば、それを超えていこうとする衝動とエネルギーを見いだすだろう。（『アイ・アム・ザット 私は在る』三二五頁）（第十章第二節）

（二）「スッタニパータ」の詩句七六一

◎ 七六一　自己の身体（＝個体）を断滅することが「安楽」である、と諸々の聖者は見る。（正しく）見る人々のこの（考え）は、一切の世間の人々と正反対である。

〔禅師・聖者の言葉〕

詩句七六一の重要部分は、「自己の身体（＝個体）を断滅することが『安楽』である」というところです。この言葉は、身体が滅びた後、多くの苦しみのあるこの世界に再び身体が生じない（生を享《う》けない）こと、すなわち悟りを開いて、不生不滅の、至福に満ちた真我のなかだけにとどまることが安楽であることを示しています。これに関連する聖者と禅師の言葉としては、次のものがあります。

◆存在の静かな状態が至福なのだ。乱された状態が世界として現れる。非二元性のなかには至福がある。二元性のなかには体験がある。来ては去っていくのは苦痛と快楽の二元性の体験だ。（『アイ・アム・ザット 私は在る』一二四頁）（第五章第二節）

◆一切衆生は本より涅槃常樂の體にして、法身般若の智身なれども、此五蘊の色心のまよひゆゑに、凡夫となりて三界に流浪《るらう》するなり、（以下略）（『鉄眼禅師仮字法語』九頁）（第五章第一節）

（三）「スッタニパータ」の詩句七三〇

◎ 七三〇 この無明とは大いなる迷いであり、それによって永いあいだこのように輪廻してきた。しかし明知に達した生けるものどもは、再び迷いの生存に戻ることがない。

〔禅師・聖者の言葉〕

詩句七三〇は、凡夫は無明のために永いあいだ輪廻転生してきたが、悟りを開くと輪廻転生から解放されることを示しています。これに関連する聖者と禅師の言葉としては、次のものがあります。

◆真我を忘れはてた者たちは、生まれては死に、死んでは再び生まれることだろう。だが、至高の実在を実現して心が死にはてた者は、生死を超えた実在のなかだけにとどまる。（『あるがままに』三三六―三三七頁）（第十一章第一節）

◆三世十方の仏や祖師が世に出られたのも、ただ法を求めるためであった。現代のお前たちも、また法を求めているのだ。法が得られればいいのだ。それができないと今まで通り五道の輪廻を繰返す。（『臨済録』七六―七七頁）（第十一章第一節）

◆一切の惑は念を用る故に、輪廻顚倒す。（中略）念をはなれば惑ひなき故に、因果なし、因果なき故に、輪廻なし。（『盤珪禅師語録』一一二頁）（第十一章第一節）

（四）「スッタニパータ」の詩句六六六

◎六六六　けだし何者《なにもの》の業も滅びることはない。それは必ずもどってきて、（業をつくった）主がそれを受ける。愚者は罪を犯《おか》して、来世にあってはその身に苦しみを受ける。

〔禅師・聖者の言葉〕

詩句六六六は、人は誰でも自分がおこなった身体的行為・言語表現・精神活動（身口意《しんくい》の三業《さんごう》）にふさわしい果報（苦楽の報い）をかならず受けることを示しています。これに関連する禅師と聖者の言葉としては、次のものがあります。

◆業《がう》とは萬の人のなすわざ也。其業に善惡《ぜんあく》あり、善をば善業《ぜんがう》と云ひ、惡をば惡業《あくがう》と云ふ。（中略）身になすをば身業、口になすをば口業、意になすをば意業と云ふ也。身口の二も、意を離れてわざをなさぬなれば、つまる處は意業也。（『東海夜話』一―二頁）（第十一章第二節）

◆いはゆる「善惡之報有三時焉」といふは、／三時、／一者順現法受《ひとつにはじゅんげんほふじゅ》。二者順次生受《ふたつにはじゅんじしやうじゅ》。三者順後次受《みつにはじゅんごじじゅ》。／これを三時といふ。／仏祖の道《だう》を修習するには、その最初より、この三時の業報《ごつぽう》の理をならひあきらむるなり。しかあらざれば、おほくあやまりて邪見に堕するなり。（『正法眼蔵（四）』三〇一―三〇二頁）（第十一章第二節）

◆現在の因が現在の果となり、過去の因が現在の果となり、さらに現在の因が未来の果となるというように、前世、後世にわたって、遅かれ早かれ、のがれることはできない。（『不動智神妙録・太阿記』一五二頁）（第十一章第二節）

◆念ある内は善を修すれば、善の因果あり、惡をなせば惡の因果あり。（『盤珪禅師語録』一一二頁）（第十一章第二節）

◆カルマの報いを操っているのは神だが、彼はそれにつけ加えたり、それから取り去ったりするのではない。人間の無意識層は善業と悪業の倉庫である。イーシュワラはこの倉庫から、それが喜ばしいものであれ、苦しみに満ちたものであれ、それぞれの人にとって、その時どきの霊的進化のために最もふさわしいものを選択するのである。それゆえ、何ひとつ任意のものはない。（『あるがままに』三八一頁）（第十一章第二節）

四　真理

（一）「スッタニパータ」の詩句八八四

◎　八八四　真理は一つであって、第二のものは存在しない。その（真理）を知った人は、争うことがない。かれらはめいめい異った真理をほめたたえている。それ故に諸々の〈道の人〉は同一の事を語らないのである。

〔禅師・聖者の言葉〕

詩句八八四の重要部分は、「真理は一つであって、第二のものは存在しない」というところです。この言葉は、真理が一つしかないことを示しています。これに関連する聖者と禅師の言葉としては、次のものがあります。

◆真理はひとつであり、それが真我である。他のすべては真我のなかで、真我に属し、真我によって起こる単なる現象にすぎない。（『あるがままに』二九四頁）（第十二章）

◆すべてがあなた自身の真我であるとき、あなたから離れて存在するものは何もない。（『覚醒の炎』六七―六八頁）（第五章第一節）

◆十八界既に空なれば、一切皆空なり。唯、本心のみ有りて、蕩然として清浄なり。（『黄檗山断際禅師 伝心法要』一九頁）（第十二章）

◆尽界はすべて客塵《かくぢん》なし、直下《ちょくか》さらに第二人あらず、（以下略）（『正法眼蔵（一）』七四頁）（第五章第一節）

五　悟りの境地

（一）「スッタニパータ」の詩句二〇四

◎　二〇四　この世において愛欲を離れ、智慧ある修行者は、不死・平安・不滅なるニルヴァーナの境地に達した。

〔禅師・聖者の言葉〕

詩句二〇四は、①ニルヴァーナの境地（悟りの境地）が不滅（不死）の境地であること、②ニルヴァーナの境地（悟りの境地）が平安の境地であることを示しています。これらに関連する禅師と聖者の言葉としては、次のものがあります。

◆①此さとりをひらきて見れば、我身は我身ながら、本より法身の體にして、生れたるにもあらず、生れざる身なれば、死するといふ事もなし、これを不生不滅といひ、または無量壽佛といふ、（以下略）（『鉄眼禅師仮字法語』一二一頁）（第五章第一節）

◆①わたしどもの本性としての寿命というものは、永遠性なのです。（『井上義衍提唱 良寛和尚 法華讃』一三五頁）（第五章第一節）

◆①あなたの真の本性は永遠であり、常に実現されている。（『覚醒の炎』一六〇頁）（第五章第一節）

◆②すぐに平安と喜び、すべてを深く抱擁する愛が私の正常な状態となった。（『アイ・アム・ザット 私は在る』二五七頁）（第十三章第二節）

◆②本当に「無求《むぐ》」といいますか、求める気持ちも何もなしに、平穏な気持ちで生活できるように出来ておる。（『井上義衍提唱 良寛和尚 法華讃』六六頁）（第十三章第二節）

（二）「スッタニパータ」の詩句七五八

◎　七五八　安らぎは虚妄ならざるものである。諸々の聖者はそれを真理であると知る。かれらは実に真理をさとるが故に、快を貪ることなく平安に帰しているのである。

〔禅師・聖者の言葉〕

詩句七五八の重要部分は、「安らぎは虚妄ならざるものである」というところです。この言葉は、悟りを開くことによって得られた安らぎが、夢・幻ではないことを示しています。これに関連する聖者の言葉としては、次のものがあります。

◆真の幸福は壊れやすいものではない。なぜなら、それは環境に依存しないからだ。

（『アイ・アム・ザット　私は在る』四九一頁）（第十三章第二節）

（三）「スッタニパータ」の詩句七九〇

◎　七九〇　（真の）バラモンは、（正しい道の）ほかには、見解・伝承の学問・戒律・道徳・思想のうちのどれによっても清らかになるとは説かない。かれは禍福に汚《けが》されることなく、自我を捨て、この世において（禍福の因を）つくることがない。

〔禅師・聖者の言葉〕

詩句七九〇の重要部分は、「禍福に汚《けが》されることなく」と「自我を捨て」というところです。これらの言葉は、①悟りを開いた人は禍福に影響されないこと、②悟りを開いた人には自我がないことを示しています。これらに関連する禅師と聖者の言葉としては、次のものがあります。

◆①順境・逆境や、苦・楽についてもまったく同じことで、みんな距離のないひとつのものです。したがって、迷いとか、苦しみとか、不安というのは、認めようがありません。人の考えで、そういうものが「有る」とか「無い」というものではないのです。（『自我の本質』六九頁）（第十章第三節）

◆①この境地にあれば、たとえ藁小屋に住み卑賤な仕事に従事していたとしても、三千世界の主となって生死の流れにも流されず、（中略）宇宙に太陽が二つはないように、自分自身は天地の間にただ一個の存在になりきることができ、活脱遊戯自在三昧の境地に生きることができるようになる。（『山岡鉄舟・剣禅話』一五九頁）（第十三章第二節）

◆①苦しみもまた想像されたものである。苦しみと喜びは自我にとってしか存在しない。（『あるがままに』四六―四七頁）（第十章第三節）

◆②私たちの生きる目的は、無心・無我になることで、無心・無我になった人を仏と言っています。（『無舌人の法話 色即是空』一三五頁）（第五章第二節）

◆②マインドが出来事をつくり出すのをやめたのだ。遥かなる昔からの絶え間ない探求が終焉したのだ。（中略）そこに闘おうとする「私」は残っていなかった。（『アイ・アム・ザット 私は在る』四一〇頁）（第十三章第二節）

（四）「スッタニパータ」の詩句七

◎　七　想念を焼き尽して余すことなく、心の内がよく整《ととの》えられた修行者は、この世とかの世とをともに捨て去る。――蛇が脱皮して旧い皮を捨て去るようなものである。

〔禅師・聖者の言葉〕

詩句七の重要部分は、「想念を焼き尽して余すことなく」と「この世とかの世とをともに捨て去る」というところです。これらの言葉は、①悟りを開いた人には想念（思考）がないこと、②悟りを開いた人にとっては、現世、来世のいずれも夢・幻でしかないことを示しています。これらに関連する禅師と聖者の言葉としては、次のものがあります。

◆①お前たちが真に一念不生でいることができれば、直にそれが悟りであって、（以下略）（『臨済録』一四九頁）（第十三章第二節）

◆①何の悩みも後悔もつきまとわない。私のマインドには思考がない。（『アイ・アム・ザット 私は在る』九七頁）（第十三章第二節）

◆②わたしどもの日常の様子を見ても、確かに夢物語です、すべて。（中略）夢の世のほかに、自分たちの世界というものはない。（『井上義衍の 無門関 中』二八頁）（第十章第一節）

◆②私の世界は真実だ。あなたの世界は夢でできているのだ。（『アイ・アム・ザット 私は在る』九八頁）（第八章）

◆②無知が存在するかぎり、輪廻転生は存在する。本当は、輪廻転生などまったく存在しない。いまも、いままでも、そしてこれからも。これが真理である。（『あるがままに』三三六頁）（第十一章第一節）

（五）「スッタニパータ」の詩句四七一

◎　四七一　こころをひとしく静かにして激流をわたり、最上の知見によって理法を知り、煩悩《ぼんのう》の汚《けが》れを滅しつくして、最後の身体をたもっている〈全き人〉（如来）は、お供えの菓子を受けるにふさわしい。

〔禅師・聖者の言葉〕

詩句四七一の重要部分は、「煩悩《ぼんのう》の汚《けが》れを滅しつくして」というところです。この言葉は、悟りを開いた人には煩悩がないことを示しています。

これに関連する禅師と聖者の言葉としては、次のものがあります。

◆一切もろ〳〵の煩悩は、断ずる事なけれども、おのづからたえてさらになし、たとへば日の出でたる時、闇をのぞかんとはせざれども、そのやみおのづからなきがごとし、（以下略）（『鉄眼禅師仮字法語』二四頁）（第十三章第一節）

◆夢を夢と、本当に知ってみると、無明の煩悩というものの底がすっかりとれる。（『井上義衍の 無門関 中』二八頁）（第十三章第二節）

◆何の悩みも後悔もつきまとわない。私のマインドには思考がない。（『アイ・アム・ザット 私は在る』九七頁）（第十三章第二節）

六　悟りを開く

（一）「スッタニパータ」の詩句七六三

◎　七六三　覆《おお》われた人々には闇《やみ》がある。（正しく）見ない人々には暗黒がある。善良なる人々には開顕《かいけん》される。あたかも見る人々に光明のあるようなものである。理法が何であるかを知らない獣（のような愚人）は、（安らぎの）近くにあっても、それを知らない。

〔禅師・聖者の言葉〕

詩句七六三の重要部分は、「理法が何であるかを知らない獣（のような愚人）は、（安らぎの）近くにあっても、それを知らない」というところです。この言葉は、安らぎ（悟りの境地）が凡夫の近くにあることを示しています。これに関連する禅師と聖者の言葉としては、次のものがあります。

◆即今の遮裏《しやり》は法性なり。法性は即今の遮裡なり。（『正法眼蔵（三）』九七頁）（第七章第一節）

◆本来の面目とか、空劫已前《くうごういぜん》の自分とかということは、現在のこの一刻《とき》をいう。（『井上義衍の 無門関 上』七頁）（第七章第一節）

◆解脱《げだつ》、悟りは永遠かつ自然なものであり、それは今、ここに在る。（『覚醒の炎』一六〇頁）（第七章第一節）

◆たった今ここで、あなたは真我なのだ。（『アイ・アム・ザット 私は在る』四〇頁）（第五章第一節）

（二）「スッタニパータ」の詩句一一一九

◎一一一九（ブッダが答えた）、／「つねによく気をつけ、自我に固執する見解をうち破って、世界を空《くう》なりと観ぜよ。そうすれば死を乗り超えることができるであろう。このように世界を観ずる人を、〈死の王〉は見ることがない。」

〔禅師・聖者の言葉〕

詩句一一一九の重要部分は、「自我に固執する見解をうち破って」と「世界を空《くう》なりと観ぜよ」というところです。これらの言葉は、①悟りを開くためには、自我を離れなければならないこと、②悟りを開くためには、世界を空なるもの（実体のないもの）として観なければならないことを示しています。これらに関連する禅師と聖者の言葉としては、次のものがあります。

◆①学道は須く吾我《ごが》を離るべし。設《たと》ひ千経万論《せんきやうまんろん》を学《がく》し得たりとも、我執《がしふ》を離れずんば終《つひ》に魔坑《まきやう》に落《おつ》べし。(『正法眼蔵随聞記』一一三頁)(第十四章第一節)

◆①今までの我見《がけん》としての自己らしいものを本当に殺してみないと、自分の自性としての、本来の性《しょう》というものは分かるものではない。(『井上義衍の 無門関 下』八二頁)(第十四章第一節)

◆①禅のいちばん眼目としているのが「自我意識を滅する」ということです。(『無舌人の法話 色即是空』三四頁)(第十四章第一節)

◆①もしあなたが自我を否定し、それを無視することによって焼き尽くすならば、あなたは自由になるだろう。(『あるがままに』三六五頁)(第十四章第一節)

◆①自我と、その欲望と恐れの終焉は、幸福と平和の源であるあなたの真の本性に帰り着くことを可能にする。(『アイ・アム・ザット 私は在る』二九六頁)(第十四章第一節)

◆②世界が実在であるという確信がなくならないかぎり、実在である真我の実現は得られないだろう。(『あるがままに』三九四―三九五頁)(第十四章第三節)

◆②わしから見ると、すべての存在は空相であって、因縁によって現れて有となり因縁によってまた無となる。三界は唯心の所造《しょぞう》であり、万法は唯識の所現《しょげん》であるからだ。だから古人もこんな夢幻空花にひとしいものを捉《とら》えようとあがきまわるなと言っている。（『臨済録』一三二頁）（第八章）

（三）「スッタニパータ」の詩句七九〇

◎　七九〇（真の）バラモンは、（正しい道の）ほかには、見解・伝承の学問・戒律・道徳・思想のうちのどれによっても清らかになるとは説かない。かれは禍福に汚《けが》されることなく、自我を捨て、この世において（禍福の因を）つくることがない。

〔禅師・聖者の言葉〕

詩句七九〇の重要部分は、「（真の）バラモンは、（正しい道の）ほかには、見解・伝承の学問・戒律・道徳・思想のうちのどれによっても清らかになるとは説かない」というところです。この言葉は、どれだけ見解を深め、学問を究《きわ》め、戒律と道徳を守り、思想を探究しても、それらはすべて心（自我の心）の働きによるものなので、悟りを開くことができないことを示しています。これに関連する禅師と聖者の言葉としては、次のものがあります。

◆此靈覺の性は、（中略）功用《くゆう》を以て到るべからず。（『黄檗山断際禅師 伝心法要』二一・二三頁）（第五章第一節）

◆參學は識るべし、佛道は思量と分別《ふんべつ》と卜度《ぼくたく》と觀想と知覺と慧鮮《ゑげ》との外に在ることを。（中略）學道は思量分別等の事を用ふべからず、（以下略）（『道元禅師語録』三五・三七頁）（第十四章第二節）

◆解放を得るためにマインドに頼ってはならない。あなたを束縛へと追いやったのはマインドなのだ。（『アイ・アム・ザット 私は在る』二二四頁）（第十四章第二節）

（四）「スッタニパータ」の詩句九二〇

◎ 九二〇　海洋の奥深いところでは波が起らないで、静止しているように、静止して不動であれ。修行者は何ものについても欲念をもり上らせてはならない。」

〔禅師・聖者の言葉〕

詩句九二〇の重要部分は、「静止して不動であれ」というところです。この言葉は、悟りを開くためには、心が静止した不動の状態（無心の状態）にならなければならないことを示しています。これに関連する聖者と禅師の言葉としては、次のものがあります。

◆心がすべての原因である。それが静まれば、本来の自然な状態はひとりでに現れるだろう。（『あるがままに』六一頁）（第十四章第二節）

◆これを見いだすためにあなたが必要とする唯一の努力とは、想念なしにとどまることだ。（『覚醒の炎』一六〇頁）（第十四章第二節）

◆念《ねん》を息《そく》し慮《りよ》を忘《ばう》ずれば佛自《オ》ら現前することを知らず。（『黄檗山断際禅師 伝心法要』九頁）（第十四章第二節）

◆たゞ無念無心にして、ひたとつとめ行けば、忽然として眞實のさとりあらはれて、萬法をてらす事、百千の日輪の一度にいでたまふがごとし、これを見性《けんしやう》 成佛《じやうぶつ》ともいひ、大悟大徹ともなづけ、寂滅爲樂ともいへり、（以下略）（『鉄眼禅師仮字法語』三八頁）（第十三章第一節）

◆無心というものがあっても、それだけ邪魔物です。（中略）無念というものすらも、邪魔です。それだけ要らんことです。そういうものすらも、すっかりなくなってしまうところに、大切なところがある。（『井上義衍の 無門関 中』一三六頁）（第十四章第二節）

（五）「スッタニパータ」の詩句七七一

◎　七七一　それ故に、人は常によく気をつけていて、諸々の欲望を回避せよ。船のたまり水を汲み出すように、それらの欲望を捨て去って、激しい流れを渡り、彼岸《ひがん》に到達せよ。

〔禅師・聖者の言葉〕

詩句七七一の重要部分は、「諸々の欲望を回避せよ」というところです。この言葉は、悟りを開くためには、欲望を離れなければならないことを示しています。これに関連する聖者と禅師の言葉としては、次のものがあります。

◆欲望とは単にある想念にマインドを固定させることだ。それに注意を払わないことで、その常道にはまる習慣を捨て去りなさい。（『アイ・アム・ザット 私は在る』三五六頁）（第十四章第三節）

◆百種の多知は求むる無きの最第一なるに如《し》かず、（以下略）（『黄檗山断際禅師 伝心法要』四五頁）（第十四章第三節）

◆心にねがひ求《もとむ》ることなければ即ち大安楽《だいあんらく》なり。（『正法眼蔵随聞記』一〇七頁）（第十四章第三節）

（六）「スッタニパータ」の詩句七四一

◎　七四一　妄執は苦しみの起る原因である、とこの禍いを知って、妄執を離れて、執著することなく、よく気をつけて、修行僧は遍歴《へんれき》すべきである。

〔禅師・聖者の言葉〕

詩句七四一の重要部分は、「執著することなく」というところです。この言葉は、悟りを開くためには、執著（執着）を離れなければならないことを示しています。これに関連する禅師と聖者の言葉としては、次のものがあります。

◆學道の人如し要訣を知るを得むと欲せば、但、心上に於て一物をも著《つ》くこと莫れ。（『黄檗山断際禅師 伝心法要』二一頁）（第十四章第三節）

◆学道の用心《ようじん》は只本執《ほんしふ》を放下《はうげ》すべし。（『正法眼蔵随聞記』一三五頁）（第十四章第三節）

◆前後の際《きわ》を断つ、という言葉があります。／前の心を捨てず、今の心を後に残すのがよくないのです。（『不動智神妙録・太阿記』八七頁）（第十四章第三節）

◆われわれは誤って非実在に固執している。それはつまり、想念や世俗的活動への執着なのである。その執着がやめば、真理は明らかになるだろう。（『あるがままに』

二三三頁）（第十四章第三節）

（七）「スッタニパータ」の詩句一〇九九

◎一〇九九　過去にあったもの（煩悩）を涸渇《こかつ》せしめよ。未来にはそなたに何ものもないようにせよ。中間においても、そなたが何ものにも執著《しゅうじゃく》しないならば、そなたはやすらかにふるまう人となるであろう。

〔禅師・聖者の言葉〕

詩句一〇九九は、悟りを開くためには、過去・現在・未来の何ものにも執着せず、つねに今を生きなければならないことを示しています。これに関連する禅師と聖者の言葉としては、次のものがあります。

◆日常の生活をなおざりにしないで、何事をなさるのも一所懸命になって、そのものに成り切る。成り切っていることも忘れて、忘れたことをもうひとつ忘れるという、そこまで行けるはずです。そうすると、何にも無くなる時節があります。それが、「今（空）」ということです。（『無舌人の法話 色即是空』一二九頁）（第十四章第四節）

◆現在を過去に邪魔させてはならない。この今の瞬間を見なさい。いかなる過去の想念も入りこませず、その中に在りなさい。（『覚醒の炎』二四九頁）（第十四章第四節）

◆今現在にかかわりなさい。未来はそれ自身で面倒を見るだろう。未来を思い煩《わずら》ってはならない。（『あるがままに』三三八頁）（第十四章第四節）

（八）「スッタニパータ」の詩句七〇九

◎　七〇九　かれは思慮深く、瞑想《めいそう》に専念し、林のほとりで楽しみ、樹の根もとで瞑想し、大いにみずから満足すべきである。

〔禅師・聖者の言葉〕

詩句七〇九の重要部分は、「瞑想《めいそう》に専念し」というところです。この言葉は、悟りを開くためには、瞑想に専念しなければならないことを示しています。これに関連する禅師の言葉としては、次のものがあります。

◆学道の最要は坐禅これ第一なり。（『正法眼蔵随聞記』一二九頁）（第十四章第五節）

◆坐禅とは、自分の真相を本当に知る唯一の道である。もっと単直に言ったら、坐禅するというその事自体がすでに自分の真相を今行じる、今そこではっきりと行じている状態であると言って良いでしょう。（『禅――もう迷うことはない！』五九頁）（第十四章第五節）

◆ひたすらに坐り切って、坐も忘れなさい。そうすると、人間以前の状態になる。人の考えがまったく入らない「今」という状態で、毎日の生活ができるということです。

（『自我の本質』二四頁）（第十四章第五節）

（九）「スッタニパータ」の詩句七一四

◎　七一四　道の人（ブッダ）は高く或いは低い種々の道を説き明かしたもうた。重ねて彼岸《ひがん》に至ることはないが、一度で彼岸に至ることもない。

〔禅師・聖者の言葉〕

詩句七一四の重要部分は、「重ねて彼岸《ひがん》に至ることはない」というところです。この言葉は、彼岸に至る（悟りを開く）のが一度だけであることを示しています。これに関連する禅師と聖者の言葉としては、次のものがあります。

◆本当の悟りというものはね、「終《おわ》り初《はつ》もの」とあるように、一回限《き》りのものです。（『禅――もう迷うことはない！』一二二頁）（第十三章第一節）

◆見性も、悟りも、一度だけのものでなければなりません。もし、深浅や階級を論ずることがあるようでしたら、それは未だ途中のことであり、結果に至り得ていない証拠というべきであります。（『自我の本質』九七頁）（第十三章第一節）

◆解脱とは絶対的で、もとに戻ることのないものなのだ。（『あるがままに』七七頁）（第十三章第一節）

「スッタニパータ」（『ブッダのことば』）の各詩句の重要部分が示すこと（釈尊の教え）と禅師・聖者の言葉との間には多くの共通点があり、しかも両者の間に矛盾する点はほとんどありません。したがって、本書で紹介した禅師と聖者の言葉は、釈尊の教えを形而上学的な問題も含めて詳しく、かつわかりやすく説明していると結論づけることができます。

本書を書くきっかけとなった「釈尊は何を悟ったのか」という私の疑問は、「スッタニパータ」（『ブッダのことば』）の詩句、および釈尊と同様の悟りを開いた後世の人たち（禅師・聖者）の言葉を調べることにより解決しました。釈尊は、本書で紹介した禅師と聖者の教えとほぼ同じことを、今から約二千五百年前にすでに悟っていたのです。

参考・引用文献　（表題を五十音順に配列（辞書は最後に記載））

『アイ・アム・ザット 私は在る：ニサルガダッタ・マハラジとの対話』二〇〇五年六月八日初版発行、英訳者：モーリス・フリードマン、編集者：スダカール・S・ディクシット、翻訳者：福間 巖、ナチュラルスピリット
『あるがままに：ラマナ・マハルシの教え』二〇〇五年十二月七日発行、編者：デーヴィッド・ゴッドマン、訳者：福間 巖、ナチュラルスピリット
『井上義衍提唱 僧璨大師 信心銘』二〇〇七年十一月一日第二版発行、義衍提唱録刊行会
『井上義衍提唱 良寛和尚 法華讃』二〇〇六年十一月一日第三版発行、義衍提唱録刊行会
『井上義衍の 無門関 上』二〇〇九年一月三十一日初版発行、義衍提唱録刊行会
『井上義衍の 無門関 中』二〇〇九年十二月二十日初版発行、義衍提唱録刊行会
『井上義衍の 無門関 下』二〇一〇年十月一日初版発行、義衍提唱録刊行会
『黄檗山断際禅師 伝心法要』一九三六年十月十五日第一刷発行、一九九二年二月二十六日第六刷発行、訳註者：宇井伯寿、岩波書店（岩波文庫）
『覚醒の炎：プンジャジの教え』二〇〇七年十月十三日初版発行、編者：デーヴィッド・ゴッド

マン、訳者：福間巖、ナチュラルスピリット
『原始仏教：その思想と生活』「NHKブックス111」昭和四十五年三月二十日第一刷発行、平成元年七月一日第四十八刷発行、著者：中村元、日本放送出版協会
『自我の本質』一九九七年十月二十二日第一刷発行、二〇〇六年五月三日第五刷発行、著者：原田雪溪、ペンハウス
『正法眼蔵（一）』（道元著）一九九〇年一月十六日第一刷発行、二〇一〇年七月十五日第二十八刷発行、校注者：水野弥穂子、岩波書店（岩波文庫）
『正法眼蔵（二）』（道元著）一九九〇年十二月十七日第一刷発行、二〇〇七年四月二十四日第十八刷発行、校注者：水野弥穂子、岩波書店（岩波文庫）
『正法眼蔵（三）』（道元著）一九九一年七月十六日第一刷発行、二〇〇八年四月二十四日第十五刷発行、校注者：水野弥穂子、岩波書店（岩波文庫）
『正法眼蔵（四）』（道元著）一九九三年四月十六日第一刷発行、二〇一〇年五月六日第十六刷発行、校注者：水野弥穂子、岩波書店（岩波文庫）
『正法眼蔵随聞記』一九二九年六月二十五日第一刷発行、一九八二年二月十六日第四十五刷改版発行、二〇〇九年四月十五日第八十五刷発行、編者：懐奘、校訂者：和辻哲郎、岩波書店（岩波文庫）

『禅に生きる：行雲流水のごとくに』二〇〇〇年六月十日第一刷発行、著者：原田雪溪、ペンハウス
『禅——もう迷うことはない！：あなたの疑問を即快答』一九九九年十月二十三日初版発行、著者：井上義衍、光雲社、発売元：星雲社
『鉄眼禅師仮字法語』一九四一年七月二十六日第一刷発行、一九八九年十月十二日第二刷発行、校訂者：赤松晋明、岩波書店（岩波文庫）
『東海夜話』明治四十四年十一月五日発行、著者：沢庵禅師、校訂兼発行者：禅道会編輯局、光融館（禅林文庫）
『道元禅師語録』一九四〇年二月三日第一刷発行、一九九五年三月八日第十一刷発行、訳註者：大久保道舟、岩波書店（岩波文庫）
『中村元選集〔決定版〕第十五巻 原始仏教の思想Ⅰ』「原始仏教Ⅴ」一九九三年八月三十日第一刷発行、二〇〇七年三月三十日第六刷発行、著者：中村元、春秋社
『盤珪禅師語録』昭和十六年九月三日第一刷発行、昭和四十五年十二月三十日第六刷発行、編校者：鈴木大拙、岩波書店（岩波文庫）
『「般若心経」を読む：「色即是空、空即是色」愚かさを見すえ、人間の真実に迫る』一九九一年十一月十五日第一刷発行、二〇〇四年十二月八日第二十四刷発行、著者：水上勉、P

HP研究所（PHP文庫）
『ブッダのことば』一九八四年五月十六日第一刷発行、一九九七年六月五日第三十一刷発行、訳者：中村 元、岩波書店（岩波文庫）
『不動智神妙録・太阿記』「禅の古典七」昭和五十七年十月三十日第一刷発行、著者：市川白弦、講談社
『無舌人の法話 色即是空』二〇〇七年五月三十日第一刷発行、著者：原田雪溪、ペンハウス
『山岡鉄舟・剣禅話』一九七一年七月十五日第一刷発行、二〇〇一年七月十日第十六刷発行、原著：山岡鉄舟、編訳者：高野 澄、徳間書店
『臨済録』平成十二年四月三十日第一刷発行、平成二十年七月十五日第三刷発行、訳註者：朝比奈宗源、たちばな出版（タチバナ教養文庫）

〈辞書〉
『岩波仏教辞典 第二版』編者：中村 元・福永光司・田村芳朗・今野 達・末木文美士、岩波書店
『広辞苑 第六版』岩波書店

注釈

（注1） 中村《なかむら》 元《はじめ》先生

『中村元選集〔決定版〕第十五巻 原始仏教の思想I』から「著者略歴」の部分を引用します。

◆著者略歴

一九一二年 島根県松江市に生まれる。
一九三六年 東京大学文学部印度哲学科卒。
一九四三年 文学博士。
一九五四年 東京大学教授。
一九七〇年 財団法人東方研究会設立。
一九七三年 東方学院設立、学院長に就任。東京大学名誉教授。
一九七七年 文化勲章受章。
一九八四年 勲一等瑞宝章受章。
一九九九年 逝去。

著書に、『決定版中村元選集』全四十巻、『ブッダ入門』（春秋社）、『論理の構造』全二巻

（青土社）、『初期ヴェーダーンタ哲学史』全五巻（岩波書店）、『仏教語大辞典』全三巻（東京書籍）、ほか多数。

（注2）黄檗希運《おうばくきうん》禅師
『広辞苑』から「黄檗希運《おうばくきうん》」についての説明を引用します。
◆中国唐代の禅僧。福州閩県の人。百丈懐海《ひゃくじょうえかい》に師事した。弟子に臨済義玄がいる。断際禅師。（〜八五〇頃）

（注3）臨済義玄《りんざいぎげん》禅師
『広辞苑』から「臨済《りんざい》」についての説明を引用します。
◆唐の禅僧。臨済宗の開祖。名は義玄。曹州南華（山東省）の人。黄檗《おうばく》希運に師事して得道し、河北鎮州城東南の臨済院に住した。その法系を臨済宗といい、中国禅宗中最も盛行。その法語を集録した「臨済録」がある。諡号《しごう》は慧照禅師。（〜八六七）

（注4）道元《どうげん》禅師
『広辞苑』から「道元《どうげん》」についての説明を引用します。

◆鎌倉初期の禅僧。日本曹洞《そうとう》宗の開祖。京都の人。内大臣源（土御門）通親の子か。号は希玄。比叡山で学び、のち栄西の法嗣に師事。一二二三年（貞応二）入宋、如浄より法を受け、二七年（安貞一）帰国後、京都深草の興聖寺を開いて法を弘めた。四四年（寛元二）越前に曹洞禅の専修道場永平寺を開く。著「正法眼蔵」「永平広録」など。諡号《しごう》は承陽大師。（一二〇〇〜一二五三）

（注5）沢庵宗彭《たくあんそうほう》禅師

『広辞苑』から「沢庵《たくあん》」についての説明を引用します。

◆江戸初期の臨済宗の僧。諱《いみな》は宗彭《そうほう》。但馬の人。諸大名の招請を断り、大徳寺や堺の南宗寺等に歴住。紫衣事件で幕府と抗争して一六二九年（寛永六）出羽に配流され、三二年赦されてのち帰洛。徳川家光の帰依を受けて品川に東海寺を開く。書画・俳諧・茶に通じ、その書は茶道で珍重。著「不動智神妙録」など。（一五七三〜一六四五）

（注6）盤珪永琢《ばんけいようたく》禅師

『広辞苑』から「盤珪《ばんけい》」についての説明を引用します。

◆江戸前期の臨済宗の僧。諱《いみな》は永琢《ようたく》。播磨の人。諸国を遊歴し、郷里に竜門寺を創建。のち妙

心寺に住す。不生《ふしょう》禅を提唱。諡号《しごう》は仏智弘済禅師・大法正眼国師。（一六二二〜一六九三）

（注7）鉄眼道光《てつげんどうこう》禅師

『広辞苑』から「鉄眼《てつげん》」についての説明を引用します。

◆江戸前期の黄檗《おうばく》宗の僧。諱《いみな》は道光。肥後の人。木庵性瑫《もくあんしょうとう》（一六一一〜一六八四）の法を嗣ぐ。大蔵経の覆刻を企図し、全国に勧進して一三年後に完成。また飢饉救済にも尽力。諡《し》号《ごう》は宝蔵国師。（一六三〇〜一六八二）

（注8）井上義衍《いのうえぎえん》禅師

『井上義衍の 無門関 下』から「井上義衍 略歴」を引用します。

◆井上義衍　略歴

明治二十七年七月二十七日　広島県瀬戸田町長光寺十三世父井上甑光、母マサノの次男として出生す。

大正元年（十九才）立職式直後、父より「蚯蚓《きゅういん》斬って両断と為す、仏性那頭にか在る」と問われ、返答に窮し、責められる。その後三年間、片時も念頭を離れず。

大正七年（二十五才）覚王山日泰寺僧堂安居中、再三誘われ、意ならずも市内の新盛座へ出掛ける。観劇中、にわかに忘我す。満員の観衆もなく、自己もなく、全く前後を忘ず。一見明星の大事、絶学無為の真相を覚証し竟《おわ》る。大悟。

後に、北野元峰、上田祥山、杉本道山、飯田欓隠、梶田慧舟、原田祖岳等の老師に参ず。梶田慧舟、原田祖岳、飯田欓隠の各老師の印可を受く。

昭和十八年（五十才）可睡斎専門僧堂准師家、覚王山日泰寺専門僧堂、富山専門尼僧堂師家として三十年あまり接化に当たる。

また、全国各地の参禅会に、海外に、NHK教育テレビに出演、仏祖の真髄、法の真意を吐露し来る。

昭和五十六年（八十八才）三月二日遷化。

義衍提唱録刊行会発行の「提唱録」に、「法華讃」「信心銘」「無門関 上・中・下」「禅話プロローグ」「辦道話」「現成公案・摩訶般若波羅蜜」「仏性」（いずれも紀伊國屋書店新宿本店扱い）がある。

（注9）原田雪溪《はらだせっけい》禅師
『無舌人の法話 色即是空』から「著者プロフィール」を引用します。

◆著者プロフィール
一九二六年　愛知県岡崎市に生まれる。
一九五一年　曹洞宗発心寺住職・原田雪水に就いて出家得度。
一九七四年　発心寺住職・発心寺専門僧堂堂長。
一九七六年　発心寺専門僧堂師家。
一九八二年より　国外ではドイツ、アメリカ、インド等、国内では東京、千葉、埼玉、神戸、静岡、奈良等で参禅指導。
一九九八年　大本山總持寺西堂。
一九九九年　世界宗教者会議（ヴァチカン・アセンブリー）に曹洞宗代表として出席。
二〇〇二年　ヨーロッパ国際布教総監として渡欧。
二〇〇四年　帰国。

（注10）山岡鉄舟《やまおかてっしゅう》翁
『広辞苑』から「山岡鉄舟《やまおかてっしゅう》」についての説明を引用します。
◆幕末・明治の政治家。無刀流の創始者。前名、小野高歩《たかゆき》。通称、鉄太郎。江戸生れの幕臣。
剣術にすぐれ、禅を修行、書をよくした。戊辰戦争の際、西郷隆盛を説き、勝海舟との会

談を成立させた。のち明治天皇の侍従などをつとめる。子爵。（一八三六〜一八八八）

（注11）シュリー・ラマナ・マハルシ

『あるがままに』の「編者序文」からマハルシ師についての記述を一部引用します。

◆①一九二五年から五〇年までの期間、アーシュラムでの生活の中心は、シュリー・ラマナが暮らし、眠り、サットサンを開いた小さなホールにあった。彼は一日のほとんどをホールの一隅に坐って沈黙の力を放ち、また同時に、地球上の隅々から絶えることなく訪れる訪問者たちの質問に対して、当意即妙に答えつづけた。（一一頁）

◆②訪れる理由が何であろうと、やってきたほとんどすべての人びとが、彼の純真さと謙虚さに深い感銘を受けた。彼は一日二十四時間、誰もが面会することのできる共同のホールで寝起きすることによって、自らを訪問者の求めに応じられるようにした。また、彼の所有物は一枚の腰布とひとつの水差し、そして一本の杖だけだった。生ける神として何千もの人びとから崇められていたにもかかわらず、彼は自分を特別な人として扱うことを誰にも許さなかった。（一〇頁）

（注12）シュリー・ニサルガダッタ・マハラジ
『アイ・アム・ザット 私は在る』の「ニサルガダッタ・マハラジとは誰か？」からマハラジ師についての記述を一部引用します。

◆①幾人かの年配の親族や同年代の友人たちは、マハラジが一八九七年の三月の満月の夜に生まれたと語っている。（一二頁）

◆②教育を受けていないにもかかわらず、師との比類なき会話は深遠な啓蒙《けいもう》を与えるものだ。貧困のなかで生まれ育ったにもかかわらず、師はもっとも裕福な人だ。なぜなら、彼は永久に枯渇することのない智慧《ちえ》という、無限の富をもっているからだ。それに比べれば驚くべき財宝も単なる見かけ倒しにすぎない。彼は温情深く、優しく、親切で、明敏なユーモアに富み、絶対的に恐れがなく、絶対的に真実だ。誰であれ訪れた者に感銘を与え、彼らを導き励ます。（一五頁）

（注13）シュリー・ハリヴァンシュ・ラル・プンジャ
『覚醒の炎』の「はじめに」からプンジャ師についての記述を一部引用します。二番目の引用文中の「パパジ」は、「尊敬するお父さん」という意味の、プンジャ師の敬称です。
◆①ハリヴァンシュ・ラル・プンジャは、一九一三年、パンジャブのライヤルプールという小

さな村で生まれた。（七頁）

◆②パパジはいつであれ、彼に「教え」というものはないと語ってきた。彼がもっていたのは、彼のもとを訪れた人々に真我の直接体験を与えるという驚愕すべき能力である。彼は、真我の純粋で無垢な状態は常にここにあり、あなたに認識されるのを待っている、そしてそのためには、ただ自分自身の内側を見なければならないだけだということを指し示してきた。何か偉大な霊的体験を得るために長い時間を瞑想や修練に費やすのではなく、今、この瞬間に、個人のアイデンティティである心や感覚が湧き起こる源を探求することで、自己覚醒は可能となることを人々に説いたのである。（一六—一七頁）

あとがき

私は仏教の僧侶でも仏教学者でもありませんので、私のような門外漢が釈尊の悟りについて本を書いてよいのかどうか大いに迷いました。しかし、仏教という枠にとらわれずに釈尊の悟りについて書くことができるのは、私のような自由な立場の人間かもしれないと思い、浅学菲才を顧みず、本書を書くことにしました。

本書では、釈尊の悟りに焦点を合わせて釈尊の教え、禅師の言葉および聖者の言葉を紹介していますので、各書籍から引用した文章は、元の書籍の本文全体のごく一部にすぎません。悟りを開いた人の教えを詳しく知りたい方は、まずは「参考・引用文献」に記載の書籍のなかから関心のあるものをお読みいただき、悟りを開いた人の教えをより広く、より深く味わっていただきたいと思います。

〈著者紹介〉

吉野　博（よしの　ひろし）

1974年九州大学大学院薬学研究科修士課程修了。
同年、エーザイ株式会社に入社。主に創薬研究に従事し、
創薬研究本部副本部長などを経て、2010年定年退職。
薬学博士。

釈尊の悟り

自己と世界の真実のすがた

定価（本体1500円+税）

乱丁・落丁はお取り替えします。

2016年1月 4日初版第1刷印刷
2016年1月11日初版第1刷発行
著　者　吉野　博
発行者　百瀬精一
発行所　鳥影社 (www.choeisha.com)
〒160-0023 東京都新宿区西新宿3-5-12トーカン新宿7F
電話 03(5948)6470, FAX 03(5948)6471
〒392-0012 長野県諏訪市四賀229-1(本社・編集室)
電話 0266(53)2903, FAX 0266(58)6771
印刷・製本　モリモト印刷・高地製本

ISBN978-4-86265-542-4 C0015